仰泳

全民健身项目指导用书

高兴　杜亚琴◎主编

吉林出版集团股份有限公司　全国百佳图书出版单位

图书在版编目（CIP）数据

仰泳 / 高兴，杜亚琴主编. -- 2版. -- 长春：吉
林出版集团股份有限公司，2010.2（2024.8重印）
全民健身项目指导用书
ISBN 978-7-5463-2339-8

Ⅰ．①仰… Ⅱ．①高… ②杜… Ⅲ．①仰泳－基本知
识 Ⅳ．①G861.12

中国版本图书馆 CIP 数据核字(2010)第 028342 号

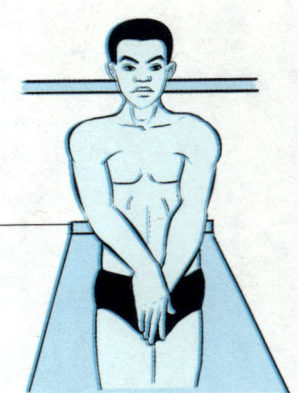

全民健身项目指导用书

仰　泳
YANGYONG

主　　编　高　兴　杜亚琴
责任编辑　黄　群　杜　琳
封面设计　吕宜昌
开　　本　650mm×960mm　1/16
印　　张　8
字　　数　30 千
版　　次　2010 年 2 月第 2 版
印　　次　2024 年 8 月第 4 次印刷

出版发行　吉林出版集团股份有限公司
地　　址　吉林省长春市福祉大路 5788 号
邮　　编　130000
电　　话　0431-81629968
电子邮箱　11915286@qq.com
印　　刷　三河市金兆印刷装订有限公司

书　　号　ISBN 978-7-5463-2339-8　定　价　39.80 元

序 言

　　自 1995 年我国政府推出《全民健身计划纲要》以来，我国群众性体育活动蓬勃发展，取得了显著的成绩。2008 年，举世瞩目的北京奥运会的成功举办，极大地激发了亿万人民群众的体育热情，增强了全社会的体育意识，营造了浓厚的全民健身氛围。面对这样的可喜局面，群众体育科研、教学工作者应义不容辞地为社会实践服务，从不同角度思考，如何使普通百姓通过简而易行的身体锻炼方式、方法和手段达到良好的健身效果，达到拥有健康的目标，从而享受生活、享受快乐人生。该书系就是在这样的思想指导下诞生的。

　　本书系能够顺应国家体育的大政方针，掌握时代脉搏，对指导大众健身，使大众掌握健身方法和手段有很好的促进作用。

　　本书系图文并茂，实用性强，分为球类运动、体操健身运动、传统武术、冰雪运动、水上运动、体育舞蹈、休闲运动、格斗运动、民间体育活动和极限运动等十大类项目，计 100 分册，按照统一的体例，力争有所创新。每册的具体内容为该项目的起源与发展、运动保健、基本技术、运动技巧、比赛规则等，使读者在学习过程中，不仅能够学会运动健身的方法，同时还能够学到保健方面的基本知识。

经国务院批准，自 2009 年起，将每年的 8 月 8 日定为"全民健身日"。《全民健身项目指导用书》的出版，必将为开展全民健身活动起到积极的推动和指导作用。

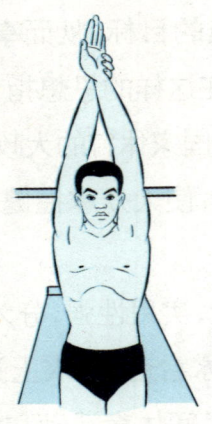

目录 CONTENTS

目录 CONTENTS

第四章 比赛规则

第一章　概述

仰泳是人体仰卧在水中进行游泳的一种姿势，其动作特点是身体仰卧水中，两腿上下交替打水，两臂经空中向前移臂后在体侧轮流向后划水。采用仰泳技术游泳时，头部露出水面，呼吸方便，身体躺在水面上。这种姿势比较省力，因此深受中老年人和体质较弱者喜爱。

第一节

起源与发展

仰泳技术的产生和发展有较长的历史，18 世纪时就有关于仰泳技术的记载，但是直到 1921 年才初步形成现在的仰泳技术。

仰泳的历史较为久远。1794 年就有了关于仰泳技术的记载，但是直到 19 世纪初，游仰泳时仍采用两臂同时向后划水、两腿做蛙泳的蹬水动作，即现在的"反蛙泳"。自 1902 年出现爬泳（自由泳）技术后，由于爬泳技术合理且速度快，就开始有人采用类似爬泳的两臂轮流向后划水的游法。但是直到 1921 年才初步形成了现在的仰泳技术。

随着游泳技术的不断进步，仰泳运动不断地被更多人接受和喜爱。

世界性游泳机构的设立以及各项赛事的开展，进一步推动了仰泳运动的普及。

在第 1 届奥运会上，游泳被列为比赛项目之一。1900 年，第 2 届奥运会设立了仰泳比赛项目。

自 1902 年出现爬泳技术后，就开始有人在游仰泳时采用类似爬泳的两臂轮流向后划水的技术，腿仍旧用蛙泳蹬水动作，后再发展到将两腿动作改为上下交替打腿的技术。

1912 年第 5 届奥运会上，美国运动员赫布尔采用了这种爬式仰泳的技术，获得了 100 米仰泳冠军，证实了爬式仰泳技术的优越性。从此，在仰泳比赛中，爬式仰泳取代了蛙式仰泳。

1968 年第 19 届奥运会上，德国运动员马特斯采用了大屈臂、深划水、强有力的打腿技术，这成为仰泳技术发展的转折点。

机构

国际业余游泳联合会（FINA）简称国际泳联，于 1908 年成立，总部设在瑞士洛桑，现有协会会员 195 个，分属非洲、亚洲、美洲、欧洲和大洋洲 5 个大洲游泳联合会。

中国在中华人民共和国成立前即为国际泳联会员，后于 1958 年退出，1980 年 7 月又恢复会员资格。

赛事

（1）奥运会仰泳赛，每 4 年一届；

（2）世界游泳锦标赛，每 4 年一届；

（3）世界杯游泳赛，每 2 年一届。

国内

为更广泛地开展群众性体育活动，增强人民体质，推动我国社会主义现代化建设事业发展，1995 年 6 月，国务院提出了《全民健身计划纲要》，号召全社会广泛开展全民健身运动。目前，全民健身运动在全国范围内蓬勃发展，具有中国特色的全民健身体系的框架已经初步形成。全民健身运动的开展，有利于提高人们的生活质量，丰富业余文化生活，促进社会进步，有利于加强社会主义精神文明和物质文明建设，提高我国的综合国力，振奋民族精神。

游泳运动适宜各种年龄人群参与，且健身、健美效果极佳，预防疾病作用明显。同时，近些年我国游泳条件有了更大的改善和发展，群众性游泳活动在原有普及程度较高的基础上，又有了新的发展。

在"仰泳皇后"贺慈红时代是中国仰泳历史上最辉煌的阶段。1994 年世界游泳锦标赛上，贺慈红不仅在女子 100 米、200 米仰泳中折桂，还与队

友配合夺得混合泳接力的金牌，同时打破了女子100米仰泳的世界纪录。但在此后的国际大赛中，中国仰泳陷入低谷。与其他泳式相比，仰泳是中国的弱势项目，在未来还有很大的发展空间。

国外

当今世界游泳运动已经进入高速发展的时期，运动成绩逐渐提高，优秀运动员层出不穷，各个游泳强国加大了资金、人力和技术的投入，更加重视科研工作。游泳运动正朝着更高、更快、更强的方向发展。

第二节
场地和装备

仰泳作为游泳运动的一种泳姿，对场地和装备的要求跟其他三种泳姿是一样的。场地是游泳运动开展的基础条件，良好的装备是游泳者的安全保障。

场地

游泳运动可在一般的娱乐性游泳池中进行，也可在正规的比赛游泳池中进行。下面介绍一下正规的比赛标准游泳池。

规格

(1)比赛游泳池长50米，宽至少25米，深2米以上；

(2)设8条泳道，每条泳道宽2.5米，第一和第八泳道的外侧分道线距离池壁为2.5米。

设施

出发台

(1)出发台设于泳池两端每条泳道的中央位置上，其前缘高出水面50～

75 厘米;

(2)出发台表面尺寸至少为 50 厘米 × 50 厘米,并覆盖防滑材料,倾斜度不超过 10 度;

(3)仰泳出发把手应该与池壁表面平行,安装在水面上方 0.3～0.6 米处,既可以与水面平行安装,也可以与水面垂直安装,不得突出池壁。

分道线

(1)分道线长度和赛道长度一致,固定在凹进两端池壁的挂钩上;

(2)挂钩的位置保证分道线两端的浮标能够浮在水面上;

(3)分道线浮标直径为 0.05～0.15 米。

出发犯规召回线

(1)出发犯规召回线悬挂在水面以上不低于 1.2 米的位置,距离每端池壁 15 米;

(2)出发犯规召回线由一个快速断开装置连接,启动时必须能有效地覆盖所有泳道。

要求

(1)两端池壁必须垂直平行,水面上方 0.3～0.8 米的池壁必须结实、平整、防滑;

(2)池水温度为 26 摄氏度(误差在 1 摄氏度以内);

(3)水面要平稳,如采用循环换水,池水不得有明显的流动或旋涡;

(4)池水应达到使运动员能看清池底和池壁标志线的清晰程度;

(5)整个游泳池的灯光强度不得小于 1500 勒克斯。

合适的游泳装备既可以让游泳者在游泳时感觉舒适,也能为游泳者提供安全保障。常用的游泳装备有游泳衣、游泳帽、游泳镜、耳塞、鼻夹、浴巾和拖鞋等。

游泳衣

游泳衣必须合身，太大容易兜水，加大身体负重和阻力，影响游泳动作；太小则会感觉不舒服，也妨碍游泳动作（见图1-2-1）。

图 1-2-1

游泳帽

游泳时戴游泳帽，既可以防止头发散乱，还可以防止因水质不好而损伤发质。游泳帽不能过大，否则容易脱落（见图1-2-2）。

图 1-2-2

游泳镜

池水如果不干净，游泳时细菌很容易进入眼中，导致红眼病等眼部疾病的发生。为了预防眼部疾病，游泳时佩戴游泳镜是十分必要的。对于初学者来说，戴游泳镜还可以纠正在水中不敢睁眼睛的毛病（见图1-2-3）。

图 1-2-3

 耳塞

游泳时，耳朵进水后会很不舒服，严重的会引起耳部疼痛，甚至影响听力。为了防止耳朵进水，游泳时应佩戴耳塞（见图1-2-4）。

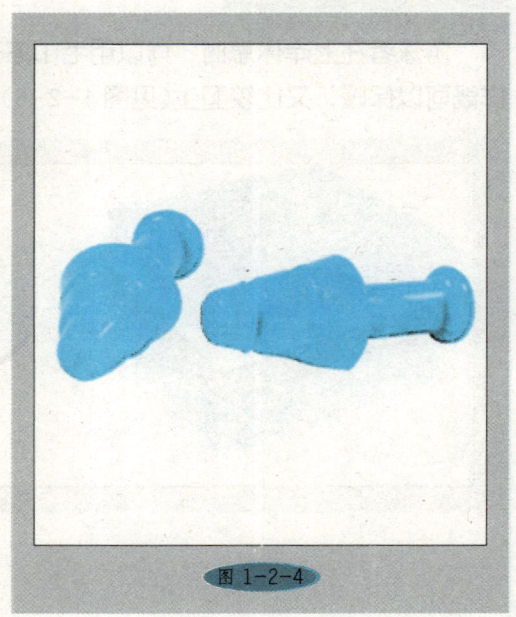

图 1-2-4

 鼻夹

　　游泳时，水波会把水冲入鼻孔，导致呛水。此外，没有掌握好呼吸技术也会导致呛水。因此，游泳时戴好鼻夹是十分必要的（见图1-2-5）。

概
述

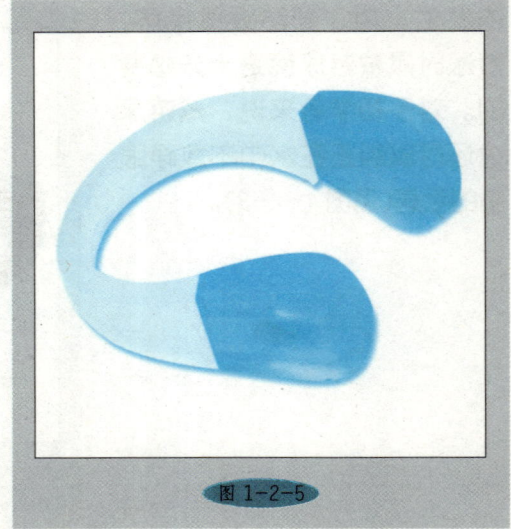

图1-2-5

 浴巾和拖鞋

　　游泳者在上岸休息时，可以用毛巾擦干身体，披上浴巾，穿上拖鞋。这样既可以保暖，又比较卫生（见图1-2-6）。

图1-2-6

第二章　运动保健

　　体育运动对增强体质、预防疾病和促进健康具有良好的作用。但是,并非所有人从事相同的运动都会达到同样的效果。对于同一种运动负荷,不同人机体的反应差异是很大的,即使同一个体,在不同时期、不同机能状态下,对同一负荷的反应及效果也是不一样的。因此,对于不同个体,应制定适合其机能需要的运动强度、时间、频率和持续周期。从事体育锻炼一定要讲究科学性,使机体最大限度地获得运动价值,使某些疾病得到有效的防治。

第一节

自我身体评价

　　自我身体评价是指根据个体的不同情况以及简单的功能评定标准，对锻炼者进行身体评价，并以此为依据，确定具体的锻炼内容。

适宜人群

　　体适能是全身适应性的一部分，是人体精神和体力对现代生活的适应能力。为了促进健康，预防疾病，提高生活质量和工作学习效率，几乎所有人都可以追求健康的体适能，而且经过简单的评价和测试，均可以成为目标人群，即适宜人群。

健康体适能评价标准

　　健康体适能是指身体有足够的活力和精力处理日常事务，而不会感到过度疲劳，并且还有足够的精力去享受休闲活动和应对突发事件。

　　健康体适能是确定锻炼者是否为运动适宜人群的主要依据。目前的评价标准主要包括国民体质测定标准、学生体质测定标准和普通人群体育锻炼标准等。

　　国民体质测定标准主要包括形态指标、机能指标和素质指标 3 个部分，各项指标的测定结果均为 1～5 分，共 5 个级别。凡各项指标达不到 4 分或 5 分者，均应被纳入健身人群。

　　学生体质测定标准分为优秀、良好、及格和不及格 4 个级别。优秀水平以下者，均应被纳入健身人群。

　　普通人群体育锻炼标准分为 5 个级别，凡达不到 4 分或 5 分者，均应被纳入健身人群。

简易运动功能评定

简易运动功能评定的目的在于确定运动对象有无运动禁忌症或临时运动禁忌的情况，即是否适合参加体育锻炼，以达到防备万一，避免意外事故发生的目的。目前通行的方式是 3 分钟踏台阶测试。

目的

测试锻炼者运动后心率恢复的情况，以评估其心肺功能。

器材 见图 2-1-1

30 厘米高的长凳、节拍器、秒表和时钟。

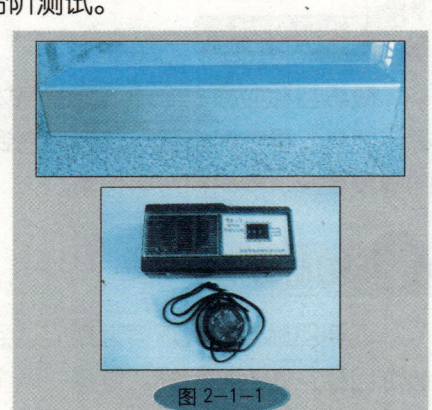
图 2-1-1

步骤 见表 2-1-1

（1）节拍器设定为每分钟 96 次，锻炼者依"上上下下"的节拍运动 3 分钟。

（2）锻炼者完成 3 分钟踏台阶后，5 秒钟内开始测量其脉搏，时间为 1 分钟，记录其心率，并依据下表评价其功能水平。

（3）运动后心率越低，证明其心肺功能越好。在运动强度允许的范围内，锻炼者可选择运动强度的较高值来进行运动。

表 2-1-1 **3 分钟台阶测试评价表**

	年龄（岁）	欠佳（次）	尚可（次）	一般（次）	良好（次）	优异（次）
男士	18~25	>115	105~114	98~104	89~97	<88
	26~35	>117	107~116	98~106	89~97	<88
	36~45	>119	112~118	103~111	95~102	<94
	46~55	>122	116~121	104~115	97~103	<96
	56~65	>119	112~118	102~111	98~101	<97
	65+	>120	114~119	103~113	96~102	<95
女士	18~25	>125	117~124	107~116	98~106	<97
	26~35	>128	119~127	111~118	98~110	<97
	36~45	>128	118~127	110~117	102~109	<101
	46~55	>127	121~126	114~120	103~113	<102
	56~65	>128	118~127	112~118	104~111	<103
	65+	>128	122~127	115~121	101~114	<100

注意事项

如受试者经过努力仍无法完成测试，或出现头晕、胸闷、出冷汗等症状，应终止测试。运动中应特别考虑运动强度，以防出现意外。

锻炼目标

锻炼目标应根据个体不同的身体状况来确定，可分为近期目标和远期目标。此外，确定锻炼目标还应结合锻炼者的运动意向、愿望和兴趣以及本人的健康状况、疾病程度等因素。

近期目标

近期目标是指锻炼者近期应达到的目标。在进行运动之前，应首先明确锻炼目标，即近期目标。选择一两个健康体适能构成要素，作为未来两个月内努力完成的目标，而且应从成功概率较高的构成要素开始，并将预期两个月后要达到的目标做上记号，如提高某个或某些关节的活动幅度，增强某个肌肉群的力量等。

远期目标

远期目标是指锻炼者最终要达到的目标。实践证明，经过科学合理的锻炼后，锻炼者是可以达到一般的远期目标的，如提高心肺功能，使其达到优秀的等级，或达到降血脂、防治高血压和冠心病的目的等。

运动负荷

运动负荷即运动量。怎样控制运动量，合适的运动时间是多少等，一直是人们争论不休的问题。但有一点是可以肯定的，那就是任何有关身体活动的意见和建议，都需要综合考虑锻炼者的身体状况和所要达到的目标，并以此为依据来制订科学的身体锻炼计划。

运动强度

运动过程中，运动强度过小，达不到锻炼的效果；运动强度过大，不仅达不到最佳的锻炼效果，还可能产生一些副作用，甚至出现意外事故。确定运动强度有两种方法。

心率简易推测法

（1）年龄在 20 岁左右的年轻人，身体健康，能坚持体育锻炼，欲进一步提高身体机能，可取最大心率值（最大心率值=220－年龄）的 65%～85%。

（2）年龄在 45 岁以下，身体基本健康，有运动习惯者，开始进行健身锻炼，可取最大心率值的 65%～80%，没有运动习惯者，开始进行健身锻炼，可取最大心率值的 60%～75%。

（3）年龄在 45 岁以上，身体基本健康，有运动习惯者，开始进行健身锻炼，可取最大心率值的 60%～75%，没有运动习惯者，建议根据自身情况咨询专业人员来指导和确定运动强度。

主观感觉疲劳分级表推测法 见表 2-1-2

运动的疲劳程度大致分为 10 级，具体为：0～1 级，没感觉；2～3 级，尚轻松；4～5 级，稍累；6～7 级，累；8～9 级，很累；10 级，精疲力竭。因此，健身锻炼的运动强度应控制在主观感觉疲劳程度的 4～7 级。

表 2-1-2　主观感觉疲劳分级表

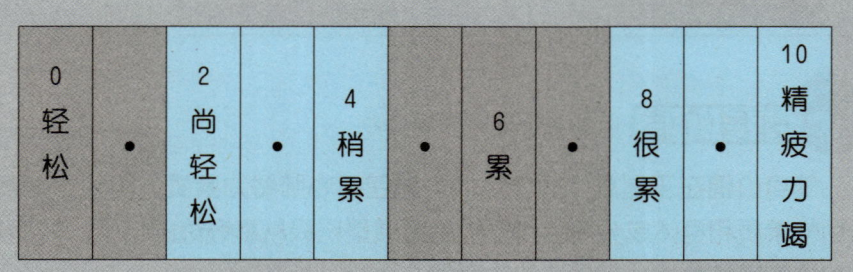

 运动频率

运动频率是指每日及每周锻炼的次数。一般每周锻炼 3～4 次，即隔日锻炼 1 次即可。有充足的休息时间，可使身体得到充分的休息，收到更好的锻炼效果。

 运动持续时间

运动强度和运动持续时间，决定了一次锻炼的运动量和热量消耗。运动持续时间与运动强度成反比，运动强度大，运动持续时间可相应缩短，运动强度小，则运动持续时间应相应延长。

一般的健身锻炼，运动持续时间以每天 20～60 分钟为宜，其中包括准备活动时间、健身锻炼时间和整理活动时间。每次健身锻炼应在 20 分钟以上，锻炼可一次性完成，也可分段进行，但每段的活动时间应在 10 分钟以上。

第二节

运动价值

运动价值一直是人们探讨的问题，一般认为运动具有两方面的价值，即健身价值和心理价值。身体和精神的健康是相互依存的，伴随着身体功能的改善，精神状况逐渐也能同时得到改善。

 **健身价值**

健身价值在于提高体适能。体适能包括心肺耐力素质、肌肉力量素质、柔韧性素质和身体成分等。体适能的发展是积极从事锻炼的结果，只有规律性的体育锻炼才能达到最佳的体适能。

提高心肺耐力素质

心肺耐力是指全身肌肉进行长时间运动的持久能力，是体内心肺系统对身体各细胞的供氧能力。人体的心脏、肺、血管、血液等组织的功能是心肺耐力的基础，它们与氧气和营养物质的输送以及代谢物的清除有关。健全的心肺功能是健康的基本保证。

系统的体育锻炼，可以使心肌增厚，收缩力加强，心室容积增大，从而使心脏的泵血功能增强，表现为心血输出量增加。

系统的体育锻炼，呼吸系统机能也将得到提高，表现为呼吸肌的力量增强，肺活量、肺通气量明显增加，保证对机体供氧的能力。

系统的体育锻炼，可以促进血管系统的形态、机能和调节能力产生良好的适应力，从而提高机体的工作能力。

系统的体育锻炼，可以使血液系统产生某些适应性变化，如血容量增加、血黏度下降、红细胞膜弹性增强和红细胞变形能力增强等。

 提高肌肉力量素质

肌肉力量是指肌肉最大收缩产生的对抗阻力或负荷的能力。肌肉力量只有达到一定的程度，才能克服外界阻力，而克服外界阻力是维持日常生活自理、从事各种劳动和运动的必要前提。

系统的体育锻炼，可以提高肌肉的生理横断面积，可以改善神经系统对肌肉收缩的支配功能，还可以提高肌肉内代谢物质的储备量，使肌肉力量得到提高。

 提高柔韧性素质

柔韧性是指人体各关节的活动幅度，即关节的肌肉、肌腱和韧带等软组织的伸展能力。柔韧性对于保证正常生活质量、维持正常体态、预防损伤发生和减轻损伤程度等方面均起到至关重要的作用。

系统的体育锻炼，还可以延缓因年龄因素而导致的柔韧性下降，预防因缺乏运动而导致的关节结构、周围软组织和膝关节肌肉退化，从而使锻炼者

运动价值

的日常生活、劳动和运动等更加充满活力。

改善身体成分

身体成分是指人体体重中的脂肪组织和去脂组织的重量百分比。身体成分中的脂肪成分增加，肌肉成分必然下降。身体中不具备收缩功能的脂肪组织增加，必然导致身体进行各种活动的能力下降，基础代谢水平降低，肥胖症、冠心病、高血压、糖尿病、高血脂等慢性疾病发病率的提高。因此，身体成分是保证人体健康的重要内容之一。

通过系统的体育锻炼，随着锻炼者体质的增强，热量消耗便随之增加，进而燃烧掉体内多余的脂肪，使身体成分得到改善。而身体成分的改善，又可以减少体重对关节可能带来的不利影响，还可以使肥胖者的心理状况得到改善，增强其自信心，使其逐步建立起健康的生活方式。

心理价值

研究证明，有规律的体育锻炼不但可以使锻炼者增强体质、促进身体健康、预防一些慢性疾病，还可以提高锻炼者的生活满意度和生活质量，对其心理健康产生积极影响。

体育锻炼的心理健康效应主要表现在六个方面：

改善情绪状态

短期效应

研究发现，体育锻炼对人的情绪状态具有显著的短期效应。运动后人们的焦虑、抑郁、紧张和心理紊乱等症状会明显减轻，而精力和愉快程度则会明显增强。而且这种情绪的迅速变化，与锻炼者个体的健康状况、活动形式和活动强度等有着直接的联系。

长期效应

体育锻炼对人情绪的长期效应有着直接的影响，与不锻炼者相比，有规律的锻炼者在较长时期内很少会产生焦虑、抑郁、紧张和心理紊乱等情绪。

完善个性行为特征 见表 2-2-1

人们的行为特征一般可以分为两种类型，用 A 型行为特征和 B 型行为特征来表示。A 型行为特征主要表现为性情急躁、争强好胜、容易激动、整天忙碌和做事效率高等。B 型行为特征主要表现为不好竞争、不易紧张、不赶时间、对人随和、喜欢自由自在等。具有 A 型行为特征的人由于过度紧张的情绪反应，会引起内分泌失调，增加心脏病发病的概率。目前的一些研究主要集中在体育锻炼对改变 A 型行为特征的作用方面。研究结果表明，有规律的体育锻炼能明显改变 A 型行为特征。

 表 2-2-1　A、B 型个性行为特征常见表现

A 型行为特征者常见表现	B 型行为特征者常见表现
约会从来不迟到	对约会很随便
竞争意识很强	竞争意识不强
别人要讲话时总爱抢先或插话	是别人讲话时很好的听众
总是匆匆忙忙	即使有压力也从不匆忙
等待时缺乏耐心	能够耐心等待
干事时全力以赴	处事漫不经心
同时想干很多事	在一段时间里只干一件事情
讲话喜欢用加强语气,甚至敲桌子	讲话语速缓慢、不慌不忙
做了好事希望能得到别人的认可	只要自己满意即可,不管别人怎样想
吃饭、走路都很快	做事情很慢
不善与人相处	为人随和
容易暴露自己的感情	能控制自己的感情
具有广泛的兴趣	没什么业余爱好
雄心壮志	满足于目前的工作和学习状况

 确立良好自我概念

自我概念是指个体对自己身体、思想和情感的主观整体评价，它由许多自我认识组成，包括我是什么人、我主张什么和我喜欢什么等。

坚持体育锻炼，可以使锻炼者体格强健、精力充沛、提高驾驭身体的能力，从而改善对自身的满意程度，确立良好的自我概念。

改变睡眠模式

根据脑电图的显示，人的睡眠可以分为两种状态，即慢波睡眠状态和快波睡眠状态。前者为浅度睡眠状态，后者为深度睡眠状态。一夜之间两种睡眠状态会交替发生 4～5 次。

有规律的体育锻炼不仅对慢波睡眠有促进作用，而且能缩短入眠的潜伏期，并延长睡眠的时间。

 改善认知能力

体育锻炼还能改善人的认知过程，避免反应时间过长、注意力不集中和思维混乱等症状的发生，尤其对老年人的认知能力改善效果更为明显。

 增加心理治疗效应

体育锻炼被公认为是一种心理治疗的好方法。目前人群中常见的心理疾患是抑郁症和焦虑症。研究发现，体育锻炼是治疗抑郁症的有效手段之一，抑郁症患者经过有规律的体育锻炼，抑郁症状能明显减轻。

体育锻炼还具有治疗焦虑症的作用，通过有规律的体育锻炼，可以使锻炼者的焦虑症状明显改善。

第三节

运动保护

在运动过程中，人体机能会随时发生变化。因此，应针对这种机能变化的特点来进行体育锻炼，也就是我们所说的运动保护。运动保护一般包括运动前准备、运动后放松和自我养护三个方面。

 **运动前准备**

准备活动是指在正式运动之前进行的有目的的身体练习。做好充分的

准备活动，可以缩短机体进入最佳状态的时间，同时还可以预防运动损伤的发生，为机体发挥最大的工作效率做好功能上的准备。

 ## 准备活动的作用

提高中枢神经系统兴奋状态

(1)使大脑反应速度加快，参加活动的运动中枢神经相互协调。

(2)为正式运动时生理机能达到适宜程度提前做好准备。

提高机体代谢水平

(1)准备活动可以使锻炼者体温升高，降低肌肉黏滞性，使肌肉的伸展性、柔韧性和弹性增强，从而有效预防运动损伤的发生。

(2)准备活动可以增强体内代谢酶的活性，使物质代谢水平提高，以保证运动时有较充分的能量供应。

克服内脏器官生理惰性

(1)准备活动可以提高心血管系统和呼吸系统的机能水平,使肺通气量及心血输出量增加。

(2)可以使心肌和骨骼肌的毛细血管扩张,使其工作肌获得更多的氧,从而克服内脏器官的生理惰性,使之尽快达到最佳状态。

增加皮肤毛细血管的血流量

准备活动可以使皮肤毛细血管的血流量增加，运动后毛细血管扩张，有利于散热，降低体温，有效防止开始正式活动时由于体温过高而影响运动能力。

 ## 准备活动要求

准备活动时间

(1)准备活动的时间可以根据运动项目的具体情况确定，一般以10～30分钟为宜。

(2)准备活动与正式运动的间隔时间，一般以不超过 15 分钟为宜，可以在做完准备活动后立刻进行正式运动。

（1）准备活动的强度和量应较正式运动小，以免引起不必要的疲劳。

（2）准备活动的量可以由心率来决定，心率以 100～120 次／分为宜。

准备活动内容

一般性准备活动

一般性准备活动的内容多以伸展运动开始，然后进行一般性的跑步、徒手体操等活动。

下面介绍一套常用的一般性准备活动操，供锻炼者运动前使用。这套活动操主要包括头部运动、肩部运动、扩胸运动、体侧运动、体转运动、髋部运动和踢腿运动等。

头部运动

头部运动的动作方法（见图 2-3-1）：两手叉腰，两脚左右开立，做头部向前、向后、向左、向右，以及绕环运动。

图 2-3-1

肩部运动

肩部运动的动作方法（见图 2-3-2）：手扶肩部，屈臂向前、向后绕环，以及直臂绕环。

扩胸运动

扩胸运动的动作方法（见图 2-3-3）：屈臂向后振动及直臂向后振动。

体侧运动

体侧运动的动作方法（见图 2-3-4）：两脚左右开立，一手叉腰，另一臂上举，并随上体向对侧振动。

体转运动

体转运动的动作方法（见图 2-3-5）：两脚左右开立，两臂体前屈，身体向左、向右有节奏地扭转。

髋部运动

髋部运动的动作方法（见图 2-3-6）：两脚左右开立，两手叉腰，髋关节放松，向左、向右 360 度旋转。

图 2-3-2

图 2-3-3

踢腿运动

踢腿运动的动作方法（见图 2-3-7）：两臂上举后振，同时一腿向后半步，重心置于前腿，两臂下摆后振，同时向前上方踢腿。

图 2-3-4

图 2-3-5

图 2-3-6

图 2-3-7

专门性准备活动

专门性准备活动的动作方法、节奏和强度等与正式锻炼相似，目的是使人体主要肌群在运动前得到动员，为正式锻炼做好准备。

运动后放松

运动后放松是指运动之后所进行的一些能够加速机体功能恢复的、较轻松的身体活动。与运动前准备活动相反，其目的是使锻炼者的生理机能水平逐步得到恢复。

放松方法

运动性手段

（1）运动结束后，锻炼者可采用变换运动部位的方法来消除疲劳，如上肢出现疲劳时可做一些慢跑运动，下肢出现疲劳时可做一些上肢运动。

（2）转换运动类型也是一种不错的放松方法，如打羽毛球出现疲劳时，可从事瑜伽运动来达到放松的目的。

（3）还可以用调整运动强度的方法来缓解疲劳，如可以在放松过程中，采用小强度的轻微运动方法等。

整理活动　见图 2-3-8

（1）整理活动是指运动后所做的一些能够加速机体功能恢复的身体活动，如剧烈运动后进行 3~5 分钟慢跑或其他整理活动，使身体机能得以恢复。

（2）剧烈运动后如不做整理活动而骤然停止动作，会影响氧气的补充和静脉血的回流，使机体血压降低，引起不良反应。

图 2—3—8

注意事项

（1）在进行整理活动时动作应缓慢、放松，运动量不要过大，否则会引起新的疲劳。

（2）在进行整理活动时，应当保持心情舒畅、精神愉快。

自我养护

锻炼后，锻炼者感觉身体疲劳是一种正常的生理现象，是体育锻炼过程中的正常反应，随着体育锻炼时间的延长，疲劳症状会自然消失。运动性疲劳出现后，锻炼者如果采用一些自我养护措施，可以加速身体机能的恢复，尽快消除疲劳，提高锻炼效果。常见的自我养护方法主要包括运动后休息、合理营养和物理手段等三种。

运动后休息

静止性休息 见图 2-3-9

（1）静止性休息是指锻炼者运动后保持机体相对的静止状态，以促进身体机能的恢复，尽快消除疲劳。

（2）静止性休息的最佳方式之一是睡眠，特别是刚开始从事锻炼者，身体不适应或疲劳症状明显时，更应该保证足够的睡眠，否则，锻炼者虽然积极参加了体育锻炼，但收效甚微，甚至会导致过度疲劳症状的发生。

（3）静止性休息更适合于消除全身运动导致的整体疲劳症状。

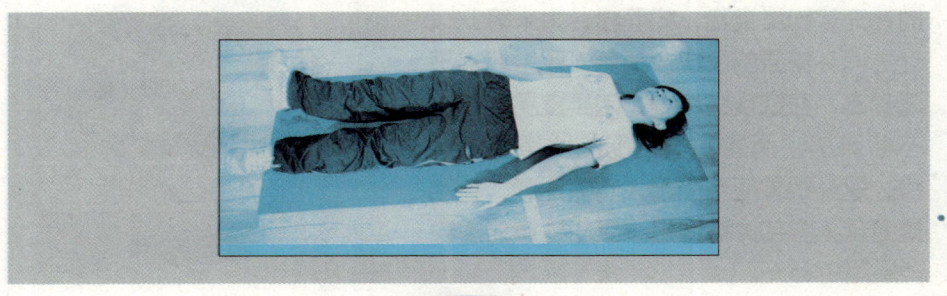

图 2-3-9

🌸 积极性休息　见图 2-3-10

（1）积极性休息更适合由于少量肌肉群参与工作而导致的局部疲劳，或运动强度较大而导致的快速疲劳。

（2）积极性休息可以加速血液循环，有利于代谢物排出体外，对促进身体机能的恢复具有明显的效果。

图 2-3-10

运动保健

 合理营养 见图 2-3-11

小强度、长时间的运动形式，主要是靠糖原的有氧代谢提供能量。运动后应及时补充淀粉类食物，如面粉、大米等，以促进消耗糖原的合成。随着人民生活水平的提高，在饮食结构中，肉类食品的比重不断增加，而淀粉类食品的比重逐渐减少，这一现象应当引起人们的注意，特别是老年人参加体育锻炼，更应注意对淀粉类食物的补充。

图 2-3-11

强度较大、时间又相对较长的运动形式，主要是靠糖原的无氧代谢提供能量。这样，糖原无氧代谢产物——乳酸便会在体内大量堆积。因此，运动后应多补充蔬菜、水果等碱性食品，以加速乳酸的清除，达到尽快消除疲劳的目的。

物理手段

 按摩及牵拉 见图 2-3-12

（1）通过刺激神经末梢、皮肤结缔组织和毛细血管的按摩方法，可以使紧张的肌肉得以放松，从而改善局部组织和全身的血液循环，达到促进身体机能恢复的目的，这种方法可以在锻炼后马上进行。

（2）此外，还可以采取缓慢牵拉肌肉的方法，使收缩的肌肉得到充分的伸展放松。

水疗及电疗

（1）水疗包括芬兰式蒸汽浴、热水浴和桑拿浴等多种形式，主要作用是通过提高体温，促进血液循环，清除代谢物，以达到尽快消除疲劳、恢复体力的目的。

（2）水疗的时间一般以不超过 30 分钟为宜，如果时间过长，会进一步消耗体力，严重时甚至会出现暂时性脑缺血现象。

（3）如果条件允许，还可对疲劳的肌肉进行低频治疗。低频治疗仪的原理是模拟针灸疗法，使用时将电极用不干胶对称地粘贴在运动部位表皮上。这种疗法可以促进局部血液循环，改善组织代谢，缓解肌肉酸痛，消除疲劳。

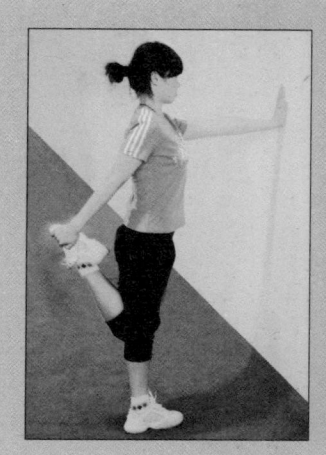

图 2—3—12

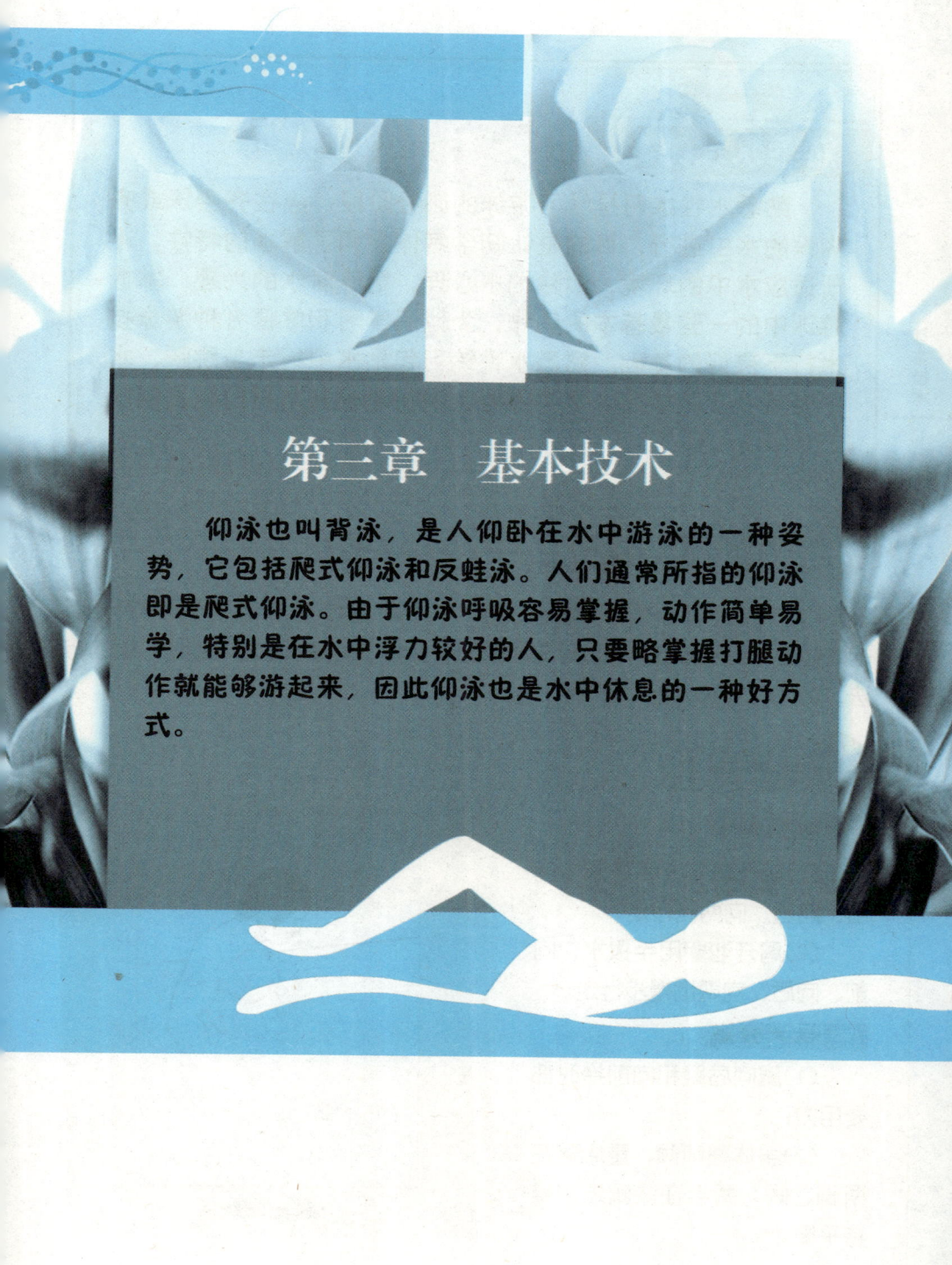

第三章　基本技术

　　仰泳也叫背泳，是人仰卧在水中游泳的一种姿势，它包括爬式仰泳和反蛙泳。人们通常所指的仰泳即是爬式仰泳。由于仰泳呼吸容易掌握，动作简单易学，特别是在水中浮力较好的人，只要略掌握打腿动作就能够游起来，因此仰泳也是水中休息的一种好方式。

第一节

熟悉水性练习

　　熟悉水性练习是学习游泳的必经阶段，应在齐腰深或齐胸深的水中进行，目的是让初学者体会和了解水的特性，逐渐适应水中的环境，消除怕水心理，培养对水的兴趣，掌握游泳中的一些最基本的动作，为以后学习和掌握各种游泳技术打下良好的基础。熟悉水性练习包括水中行走与跳跃、水中游戏、呼吸练习、水中漂浮、滑行漂浮和常见问题及解决方法等。

水中行走与跳跃

　　水中行走与跳跃是熟悉水性的第一个练习，其动作简单，容易掌握。目的是体会水对身体的压力、浮力和阻力，初步掌握身体在水中维持平衡的方法，消除怕水的心理。

水中行走

 **动作方法** 见图 3-1-1

　　(1)站在水中，手扶池边向前、向后、向两侧行走；

　　(2)离开池壁用手拨水，向前、向后、向两侧慢步行走。

技术要点

　　(1)腿向后蹬和向前抬时都要用力；

　　(2)身体略前倾、重心落在两脚之间，两手在体侧划水维持平衡。

图 3-1-1

错误纠正

（1）不敢下水。因此，应鼓励自己克服怕水心理，可在同伴的陪同下从齐腰深的水中逐渐走到齐肩深的水中。

（2）不敢向前迈腿。因此，可在同伴的帮助下，手牵手练习，开始行走时速度要慢些，脚站稳后再迈步。

（3）水中行走不稳。因此，应用两手划水维持平衡，身体略前倾，重心落在两脚间。

水中跳跃

动作方法 见图 3-1-2

（1）手扶池边向上跳；

（2）在水中向各方向跑动和跳跃。

技术要点

身体向前移动时，腿向后蹬和向前抬都要用力。

错误纠正

掌握不好平衡导致跌倒。因此，身体应略前倾，重心落在两脚之间，两手在体侧维持平衡。

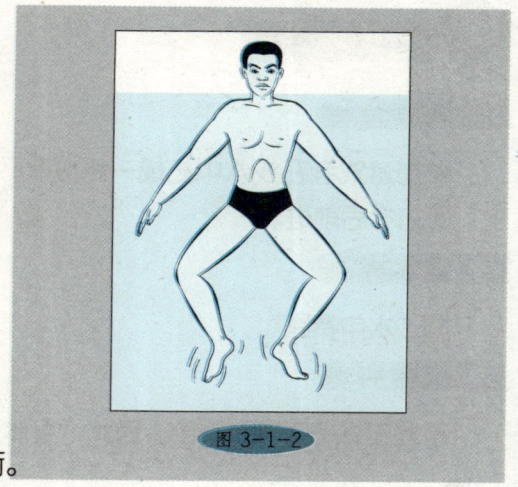

图 3-1-2

 **水中游戏**

掌握水中行走与跳跃的方法后，可进行一些简单的水中游戏，这样可以在游戏的过程中更好地熟悉水性。

水中赛跑

动作方法

参加游戏者在浅水中站成一横排，听到"开始"口令后，奋力向前跑，看谁跑得快；或将参与者分组后接力比赛。

技术要点

向前跑时，腿向后蹬和向前抬时都要用力。

错误纠正

同"水中跳跃"。

"火车"赛跑

动作方法

参加游戏者在浅水中站成一路纵队，后者双手或单手扶在前面人的肩上，听口令后前进。

技术要点

同"水中赛跑"。

错误纠正

掌握不好平衡导致跌倒。因此，身体应略前倾，重心落在两脚间。

 呼吸练习

游泳时的呼吸与陆上呼吸有所不同，在陆地上我们是用鼻子吸气，而游泳时是用口吸气，然后把头浸入水中用口、鼻慢慢呼气。熟练掌握呼吸方法，是学习游泳的关键一步。

动作方法 见图 3-1-3

(1)站在陆地上用口吸气，闭气，用口鼻慢呼气，将一只手置于口鼻前，用手体会呼气是否均匀有力；

（2）站在陆上用手扶墙壁，直立时用口吸气，闭气下蹲，慢慢呼气，反复练习。

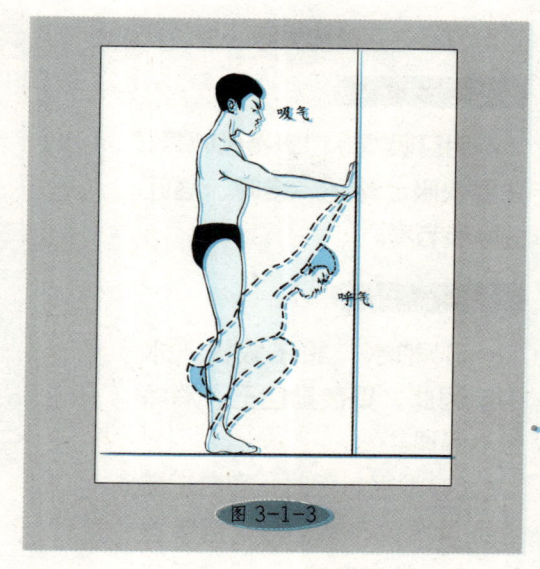

图 3-1-3

技术要点

用口吸气，用口、鼻慢慢呼气。

错误纠正

用鼻吸气。因此，练习时可用手捏鼻，强迫用口吸气。

水中练习

动作方法 见图 3-1-4

（1）略张嘴，用口吸气后，双手捧水往脸上泼，或几人相互泼水，泼水结束后才可抹脸，目的是使初学者习惯于脸上有水，进一步消除怕水心理；

（2）手扶池边或同伴，用口吸气后闭气，慢慢将头浸入水中，停留5～15秒，口鼻出水后，先呼气，头出水面再用口吸气，反复练习；

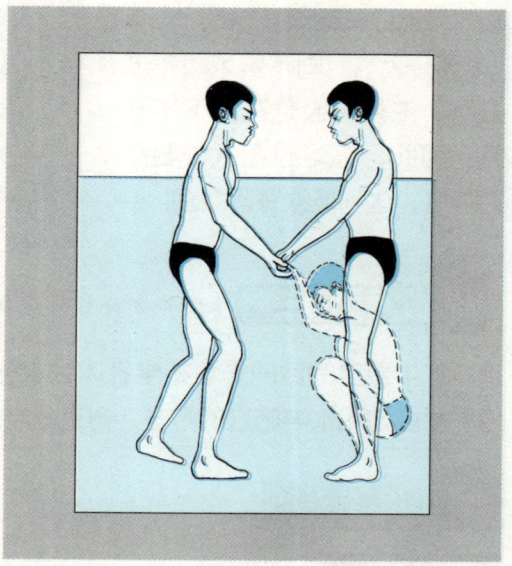

（3）手扶池边或同伴，用口吸气后下蹲，头浸入水略闭气后，用口或鼻开始缓慢、均匀地呼气，睁开眼睛看呼出来的气泡，气泡要多而均匀，呼气快要结束时站起，口将露出水面时呼气量加大，将气呼尽，头出水后张口吸气；

（4）呼吸次数逐渐增加，连续做20～30次，吸气要快而深，呼气要慢

而均匀，并逐渐加大呼吸量。

技术要点

用口吸气，口鼻慢慢呼气，注意快吸、略闭、慢呼、猛吐的呼吸节奏。

错误纠正

（1）怕水，脸不敢浸入水中。因此，要鼓励自己，消除怕水心理。

（2）呛水。因此，应增加陆上练习次数，练习时可用手捏鼻（或用鼻夹夹鼻），强迫用口吸气，用口鼻呼气。

（3）吸气时间不够或吸不进去气，主要原因是在水下不呼气。因此，练习时在水中要用力呼气，达到连续冒出气泡。

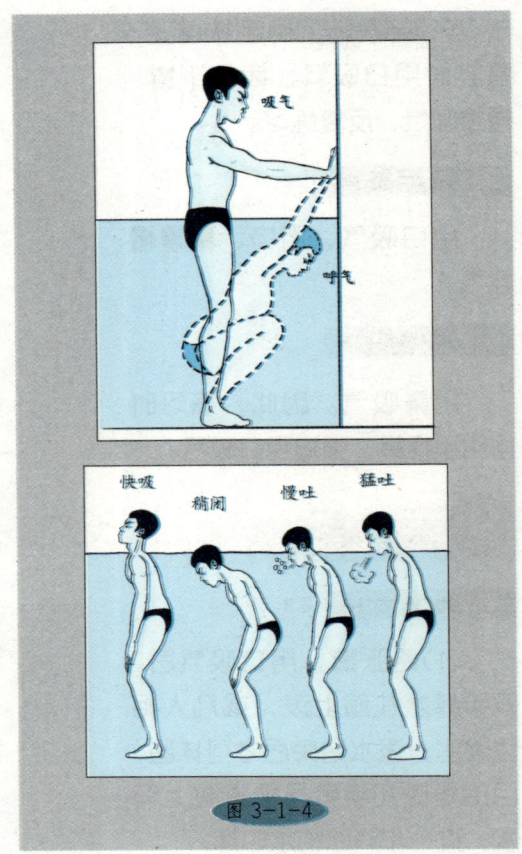

图 3-1-4

水中漂浮的目的是让初学者体会水的浮力，初步学会控制身体在水中的平衡能力和水中站立的方法，树立能学会游泳的信心。

 团身漂浮

动作方法　见图 3-1-5

（1）站立在齐腰或齐胸深的水中，深吸气后下蹲抱膝，前脚掌蹬离池底，身体自然漂浮于水面；

（2）站立时，两臂前伸，向下划水并抬头，同时两腿向下伸直，脚接触池底后站立，两臂自然放于体侧。

低头，膝部尽量靠近胸部，身体放松。

身体过于紧张，背部不能浮于水面。因此，应反复练习用口深吸气和闭气动作，团身漂浮时要低头，身体放松。

图 3-1-5

⌄ 展体漂浮

漂浮

见图 3-1-6

（1）两脚开立，两臂放松向前伸出，深吸气后身体前倾，低头，两脚轻轻蹬离池底，身体呈俯卧姿势漂浮水面；

（2）两臂、两腿要自然伸直，或团身漂浮后展体，浮于水面。

低头，两臂、两腿自然伸直，全身放松，身体充分展开。

身体过于紧张，浮不起来。因此，应反复练习用口深吸气和闭气动作，漂浮时应低头，两臂两腿自然伸直，全身适度放松。

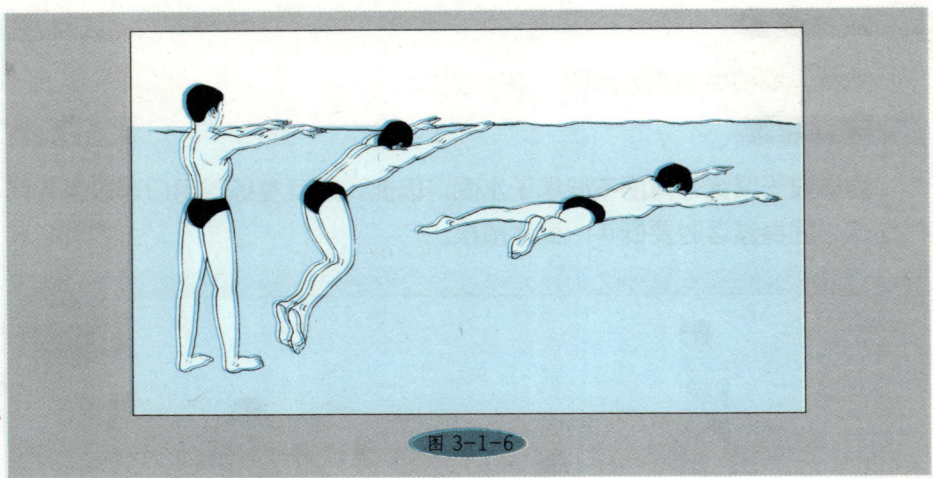

图 3-1-6

站立

🔷 **动作方法** 见图 3-1-7

两臂向下划水并抬头，屈膝，两腿下伸，两脚接触池底站立。

🔷 **技术要点**

收腹、屈膝、收腿，两臂向下划并抬头，两腿向下伸。

🔷 **错误纠正**

站立时向前倒。因此，练习时两臂应向前伸、向下划水，同时抬头，两脚向下伸直，全脚掌触池底站立，站立后两手可在体前、体侧划水，以帮助身体站稳。

图 3-1-7

基本技术

 **滑行漂浮**

滑行漂浮是各种泳姿的基础，是熟悉水性过程的重点。目的是进一步体会水的浮力，掌握水中的漂浮和身体滑行姿势。

 蹬池底滑行

动作方法 见图 3-1-8

（1）两脚前后开立，两臂前伸，两手并拢，深吸气后屈膝，上体前倾；

（2）当头和肩浸入水中时，前脚掌用力蹬池底，随后两脚并拢，使身体呈俯卧流线型向前滑行。

技术要点

（1）蹬池底要用力；

（2）滑行时低头，将头夹于两臂之间。

错误纠正

滑行时身体下沉。因此，应保持腰腹肌肉适当紧张。

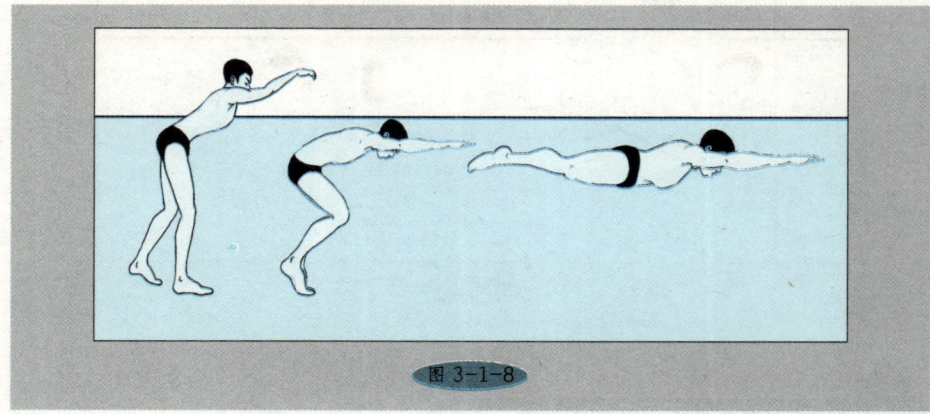

图 3-1-8

蹬池壁滑行练习

动作方法　见图 3-1-9

（1）背对池壁，一手拉池壁沿，一手前伸，同时一脚站立，一脚贴池壁；

（2）深吸气，低头，上体在水中呈前倾或俯卧姿势，支撑腿向上收起，两脚掌贴住池壁，臀部尽量靠近池壁；

（3）两手前伸并拢，两脚蹬池壁，使身体向前滑行。

技术要点

（1）两脚蹬壁要用力，蹬离池壁后，身体要充分伸展；

（2）低头，头夹于两臂之间，腰腹肌肉适当紧张，保持身体呈流线型滑行。

错误纠正

蹬壁无力。因此，脚蹬池壁的位置应尽量接近水面，两手前伸并拢后，脚用力蹬壁。

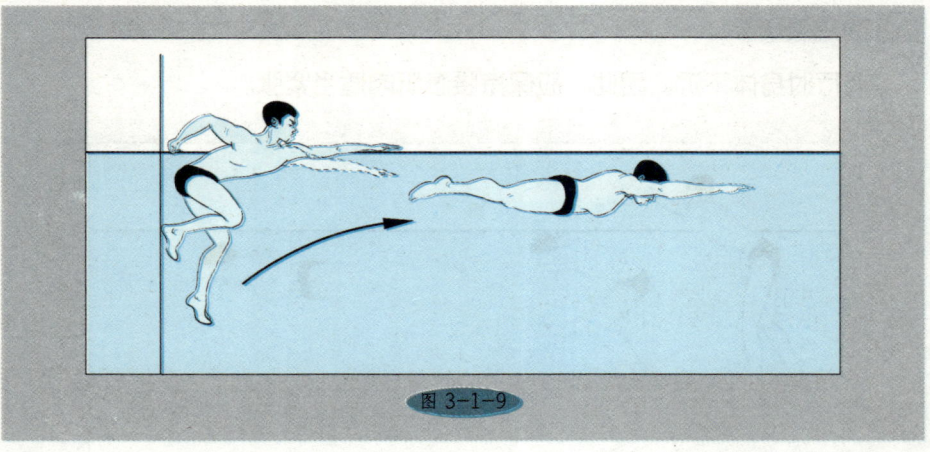

图 3-1-9

 蹬池壁仰卧漂浮滑行

游仰泳时，身体仰卧在水中，因此仰卧漂浮是学习仰泳的基础。初步练

习仰卧漂浮时可让同伴托住练习者的臀部或头部，使其平躺在水面上。

动作方法　见图3-1-10

（1）手扶水槽或池边，将双脚蹬在池壁上，脚的位置与臀部持平；

（2）双脚蹬离池壁，身体伸直，在水面漂浮约5秒钟；

（3）两臂放在体侧，背部略反弓，使腹部能浮于水面，如果腿略下沉，不必在意，保持呼吸轻松自如。

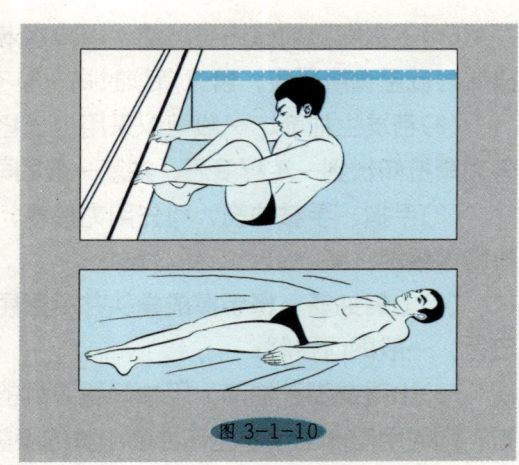

图3-1-10

技术要点

（1）保持头在正确的位置，两耳位于水面下；

（2）腰、臀部肌肉适度紧张，像平躺在床上一样，漂浮时绷脚。

错误纠正

（1）臀部下沉，漂不起来。这主要是由屈髋引起的。因此，应注意控制背部略反弓，使腹部浮于水面。

（2）下颌过仰或收得过大。因此，要保持头在正确的位置，略收下颌，两耳位于水面下，脸露出水面。

常见问题及解决方法

游泳是磨炼人的意志、锻炼身体的良好方法，但是大家也应高度重视游泳伤害与健康隐患。

抽筋

产生原因

准备活动不够，心理紧张，水太凉或呆在水中时间过长都可能引起抽筋。

（1）下水前必须做热身运动，用冷水淋浴或用冷水拍打身体及四肢，使身体对低温有所适应，游泳持续时间一般不应超过 1.5～2 小时；

（2）若发生抽筋，一般可以采用拉长痉挛肌肉的办法，当痉挛的肌肉被外力牵拉伸长到一定程度后，抽筋一般即可解除；

（3）手指、手掌抽筋，可先用力握拳，再用力张开，迅速反复几次后一般即可缓解；

（4）上臂抽筋，将手握成拳头并尽量屈肘，然后再用力伸开，如此反复进行，一般即可缓解；

（5）小腿或脚趾抽筋，用抽筋腿对侧的手握住抽筋腿的脚趾，用力向上拉，同时用同侧的手掌压在抽筋小腿的膝盖上，帮助小腿伸直，一般即可缓解；

（6）大腿抽筋，弯曲抽筋的大腿与身体成直角，并弯曲膝关节，然后用两手抱住小腿，用力使它贴在大腿上，并做震荡动作，随即向前伸直，如此反复进行，一般即可缓解。

踝关节扭伤

产生原因

游仰泳打腿时，有时会因准备活动不充分或踝关节过度紧张、疲劳而引起踝关节扭伤。

预防及解决方法

（1）下水前应做充分的准备活动，正确掌握腿部动作方法；

（2）如果踝关节严重损伤，须咨询专业运动创伤医生。

肩部损伤

产生原因

肩部负荷过重，内容单调，有时动作过快或用力过猛也能导致肩关节损伤。

预防及解决方法

下水前应做充分的准备活动，避免内容单调、肩部负荷过重的训练，训练后要充分放松。

 **鼻炎**

产生原因

鼻炎常因呛水或吸气时鼻内入水引起，可出现鼻塞、鼻痛、鼻流黏涕或头痛等症状。

预防及解决方法

水进鼻后，不可用手捏紧两鼻孔使劲擤，而应指压单侧鼻孔逐一轻轻擤，或内吸后自口中吐出，如症状严重，应及时去医院检查。

 咽喉炎(恶心呕吐)

产生原因

咽喉炎多在呛水或吞水后诱发，除咽喉不适或疼痛外，常伴有咳嗽。一些人会感觉泳池中水不干净，喝了脏水，有恶心呕吐的反应。

预防及解决方法

（1）症状轻者可用含片，重症者需加用抗生素治疗，咳嗽严重时应及时去医院检查；

（2）恶心呕吐者可用手指按压中脘穴、内关穴，帮助缓解。

中耳炎(耳痛耳鸣)

 产生原因

多因池水进耳或屏气、呼吸气不匀所致，以耳痛为主要表现。

 预防及解决方法

(1)池水入耳道后，切忌用手或其他物体去抠，可将头歪向耳朵进水的一侧，用力拉住耳垂，用同侧腿进行单足跳；

(2)也可用手心对准耳道，用手把耳朵堵严压紧，将头歪向耳朵进水的一侧，然后迅速将手拔开，水即会被吸出；

(3)还可用消毒棉签将耳道内的水吸出；

(4)耳痛严重或伴有发热等症状，应及时去医院检查治疗。

头昏脑涨

 产生原因

游泳时间过长，机体能量消耗较大，身体过度疲劳。

 预防及解决方法

游泳时间不宜过长。如果出现头昏脑涨，应立即上岸休息，全身保温，并适当喝些淡糖水或盐水。

眼睛痒痛

 产生原因

可能是池水不洁净引起的。

 预防及解决方法

(1)上岸后应马上用清洁的淡盐水冲洗眼睛，然后用氯霉素或红霉素眼药水点眼；

(2)游泳时戴游泳镜，可以预防眼部疾病。

腹部胀痛

产生原因

刚吃过饭或空腹游泳会产生腹痛腹胀。

预防及解决方法

应上岸仰卧，并用热手巾敷腹部。如果因空腹引起胀痛，休息片刻后可适当补充些食物。

 急性皮炎

产生原因

室外游泳和室内不同，在室外游泳都面临同一个问题——日晒，长时间的暴晒会引起急性皮炎。

预防及解决方法

（1）应避开太阳最猛烈的中午 12 点至下午 16 点，傍晚是游泳的最佳时机；

（2）在室外游泳前不宜多吃芹菜、田螺、韭菜等一些感光食物；否则，经紫外线照射后容易在皮肤上形成斑点。

第二节

腿部技术

仰泳的腿部动作同自由泳腿部动作基本一样，只是方向相反，膝关节弯曲的角度略大些，其主要作用是保持身体位置，此外还可以产生一定的推进力。

 **身体位置** ◆◆◆◆◆◆◆◆

游泳时身体应在水中保持最佳的位置，这样可以最大限度地减小阻力，

增大推进力。

动作方法 见图 3-2-1

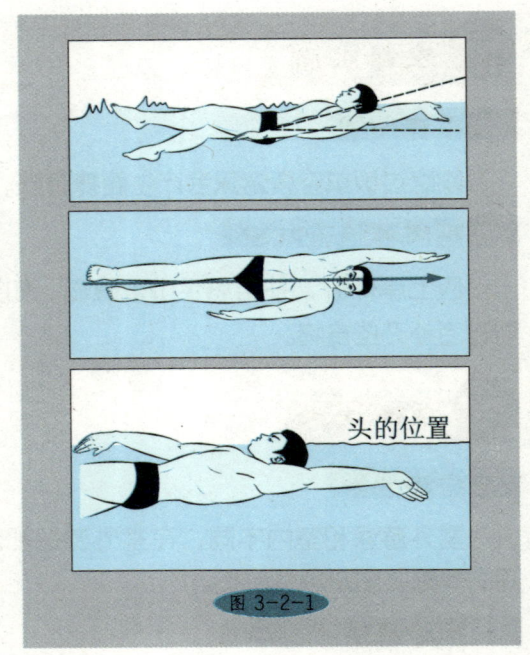

（1）游仰泳时，身体应自然伸展，接近水平，仰卧于水面；

（2）头和肩部略高于腰和腿部，后脑浸在水中，脸露出水面，下颌略靠近胸部，整体感觉类似于人平躺在床上。

头的位置

图 3-2-1

技术要点

腰腹部肌肉适度的紧张，身体纵轴与水平面构成一个较小的锐角，头部应保持相对稳定，避免晃动。

错误纠正

头部过于后仰，就会使髋部抬高，腿和脚露出水面，影响打腿效果，反之，如果刻意勾头，抬高头的位置，髋和腿就会下沉，增大身体前进的阻力。因此，应保持正确的头部位置，略收下颌，后脑浸在水中，两耳位于水面下，脸露出水面。

腿部技术

在仰泳技术中，腿部动作是保持身体处于较好角度和水平姿势的因素之一，腿部动作不但可以控制身体的摆动，而且能产生一定的推进力。仰泳的腿部动作是由下压动作和上踢动作组成的，即直腿下压和屈腿上踢。

 下压

动作方法 见图 3-2-2

（1）直腿下压，在臀部肌肉群的收缩带动下，大腿带动小腿下压到一定深度后，腹肌和腰肌控制身体停止向下，从而过渡到向上移动，在惯性的作用下，小腿继续向下，造成膝关节弯曲成135度左右的角；

（2）小腿和脚在大腿的带动下依次结束下压动作，小腿与水面约成40～45度角。

技术要点

（1）大腿带动小腿直腿下压，膝关节充分展开，腿部肌肉适度放松；

（2）下压的动作不产生推进力，因此，速度不要太快，并且腿部各关节要自然放松。

错误纠正

膝关节弯曲过大。可做直腿打腿练习，大腿带动小腿，膝关节充分展开，腿部肌肉适度放松，直腿下压，由于惯性和水的阻力，小腿与大腿自然弯曲成135度角。

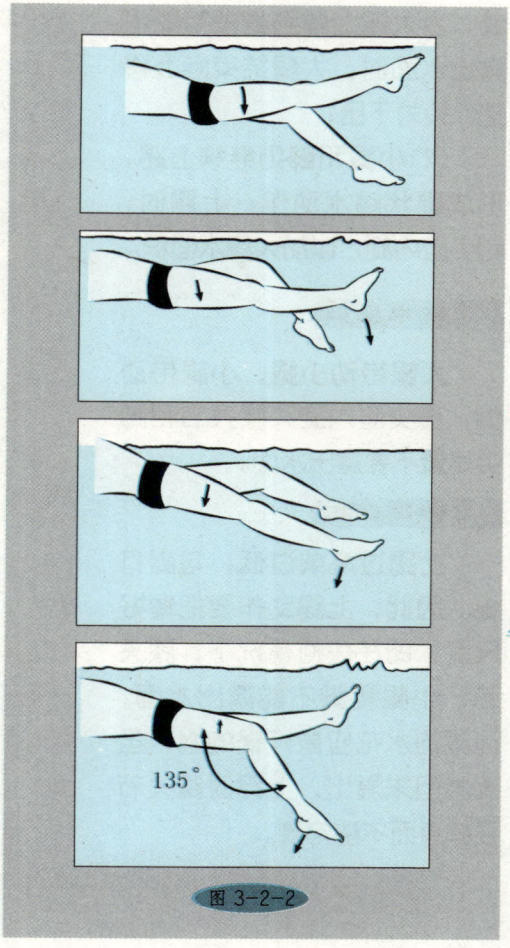

图 3-2-2

 上踢

动作方法 见图 3-2-3

（1）上踢是产生推进力的动作，需要用较大的力量和较快的速度来完

腿部技术

成，当大腿上踢到膝关节即将露出水面时，大腿结束向上移动，转为下压；

（2）小腿和脚仍继续上踢，形成鞭状踢水动作，上踢时，脚尖应内旋，以加大踢水面积。

基本技术

🌀 技术要点

大腿带动小腿，小腿带动脚，脚尖应内旋，膝关节和脚尖尽量不要露出水面。

🌀 错误纠正

上踢过高或过低，勾脚打腿。因此，上踢动作要把握好尺度，即在任何情况下，膝关节、小腿和脚不能露出水面，踢腿的水花应像开锅的水，虽沸腾但未溢出，上踢时踝关节要伸直而不能勾脚。

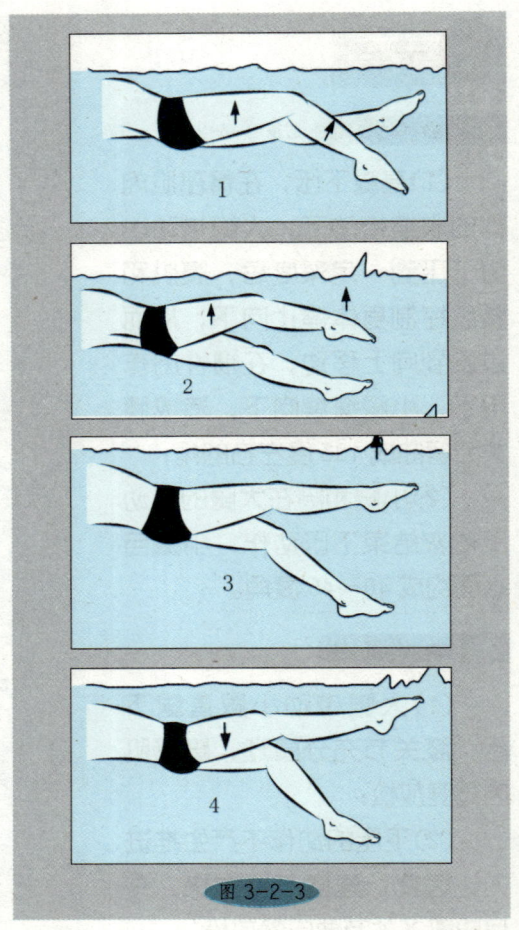

图 3-2-3

腿部动作陆上练习有利于练习者体会大腿发力的感觉，更好地掌握大腿带动小腿的仰泳腿部技术。

🌀 动作方法 见图 3-2-4

（1）单腿站立，另一腿后伸并以大脚趾略点地，以大腿带动小腿，使大脚趾沿地面向前屈膝踢出，然后再直腿后摆，模仿鞭状打腿；

（2）坐在池边或台上做两腿打腿模仿练习，着重体会直腿下压和屈膝上踢动作；

（3）仰卧池边，使身体姿势与水中身体姿势几乎相同，做直腿下压和屈膝上踢的打腿练习。

技术要点

大腿带动小腿，直腿下压，屈膝上踢。

错误纠正

同"腿部技术"。

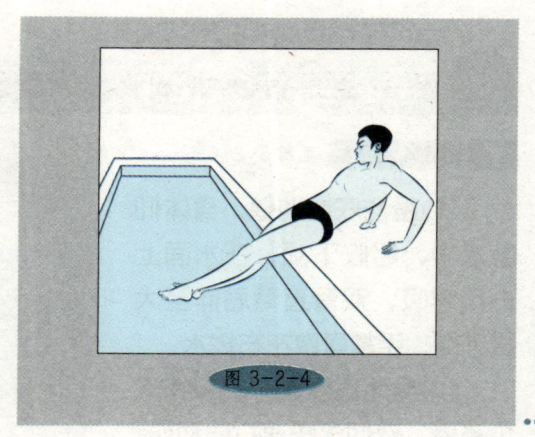

图 3-2-4

 水中练习

腿部技术的水中练习能够使游泳者更好地体会水中腿部技术的发挥。

双手胸前抱板打腿练习

动作方法 见图 3-2-5

双手抱板置于小腹部，身体仰卧水中，保持适度紧张，略收下颌，在水面上进行呼吸，两腿做上下交替打腿。

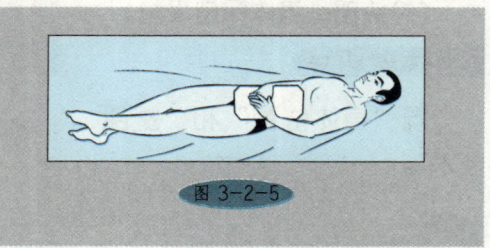

图 3-2-5

技术要点

（1）大腿带动小腿，直腿下压，屈膝上踢；

（2）头部、身体保持平稳。

错误纠正

同"身体位置"和"腿部技术"。

蹬池壁滑行手臂放体侧打腿练习

动作方法 见图3-2-6

（1）蹬池底或池壁，身体仰卧水中，略收下颌，在水面上进行呼吸，双臂直臂后伸至大腿外侧，手掌可做左右拨水；

（2）身体适度紧张，保持这个姿势，做仰泳快速打腿动作，注意头和身体始终保持"平、直、稳"向前，不得有上下或左右摆动的动作；

（3）脚要打出"水花"，但膝盖和脚都不应露出水面。

技术要点

（1）大腿带动小腿，直腿下压，屈膝上踢；

（2）头部、身体保持平稳。

错误纠正

同"身体位置"和"腿部技术"。

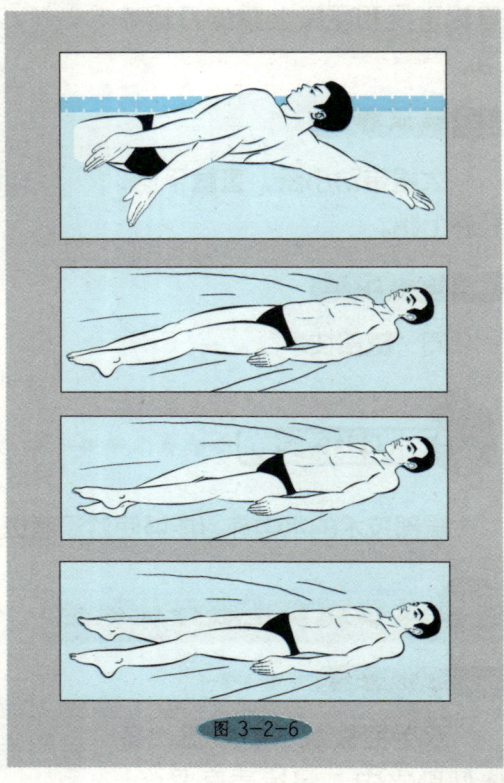

图3-2-6

手扶浮板打腿

动作方法 见图3-2-7

（1）身体仰卧水中，手持浮板，将浮板枕在头下，保持身体流线型，做仰泳打腿练习；

（2）身体仰卧水中，两臂前

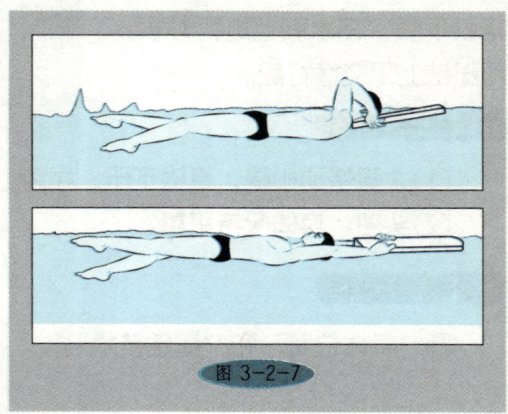

图3-2-7

伸，头夹在两臂之间，手持浮板，保持身体流线型，做仰泳打腿练习。

 技术要点

保持流线型的身体姿势，大腿带动小腿，直腿下压，屈膝上踢，头部、身体保持平稳。

错误纠正

同"身体位置"和"腿部技术"。

流线型仰卧打腿

动作方法 见图 3-2-8

（1）将两手重叠，用上面那只手的拇指扣住下面的手，使两只手不容易分开；

（2）将手臂在头上伸直，头夹在两臂之间，两臂在两耳的后面，手位于水下，接近水面；

（3）用仰卧姿势蹬离池壁，逐渐加上慢速打腿，保持腹部浮于水面。

技术要点

保持流线型姿势，头要放平，踝关节放松，脚趾向后，慢速打腿。

错误纠正

同"身体位置"和"腿部技术"。

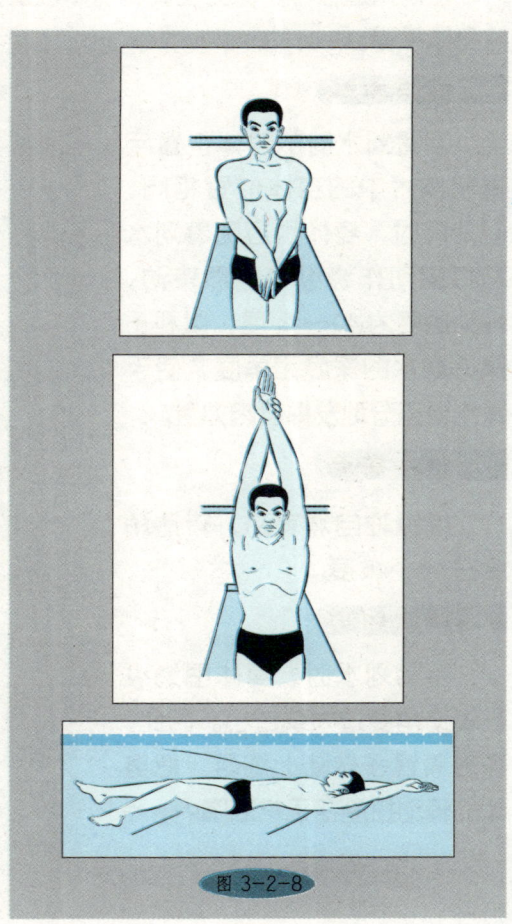

图 3-2-8

第三节
手臂技术

游仰泳时，手臂动作是推动身体前进的主要动力。仰泳手臂动作可以分为水中划水和空中移臂两个主要部分。

身体位置

在划臂过程中，保持正确的身体位置，可以减小阻力，增进推动力，保持身体平稳。

动作方法 见图3-3-1

手臂划水时的身体位置与腿部技术中的身体位置相同，但划臂时，身体也应随着划水和打腿动作绕纵轴自然转动，转动角度为40～45度，以利于保持划水的深度和角度，使手臂能更充分地发挥肌肉力量。

技术要点

绕纵轴自然转动，转动角度在40～45度。

错误纠正

手臂划水时，身体围绕纵轴转动角度过大或过小。因此，可对着镜子做陆上练习，把身体的转动控制在正常范围内。

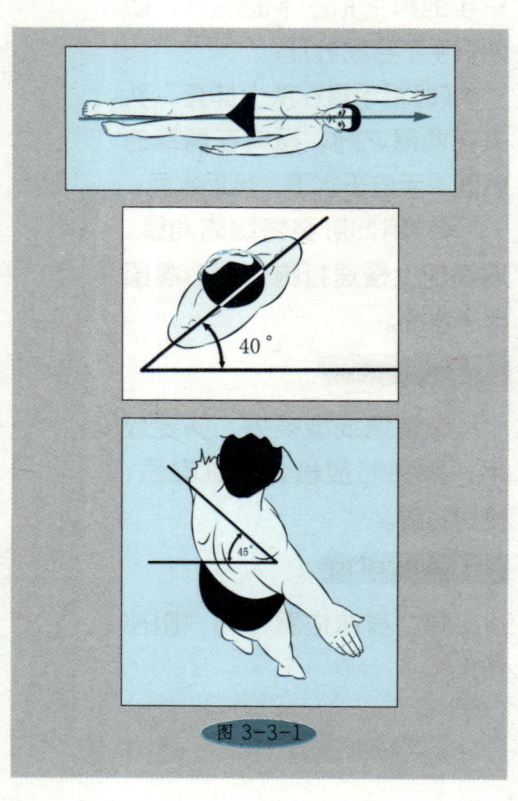

图3-3-1

仰泳的体侧划水是整个手臂技术中真正产生推动力的动作，可分为入水、抓水、抱水和推水四个阶段。

入水

见图 3-3-2 **动作方法**

臂自然伸直，掌心向外，大拇指朝上，上臂擦着耳朵在肩的延长线上，小指朝下切入水中，手掌与前臂形成一个约150～160度的角。

技术要点

（1）小拇指领先，手掌朝外，切入水中；

（2）手的入水点应在肩的延长线或在肩的延长线与中线之间。

错误纠正

（1）手背拍击入水以及手臂弯曲。因此，入水时手臂要伸直，小拇指朝下。

（2）入水过宽或过窄。入水过宽会缩短划水路线，降低划水效果，入水过窄易使身体左右摇摆，增大前进的阻力。因此，应加强肩部柔韧性练习，入水时上臂擦着耳朵，沿着肩的延长线切入水中。

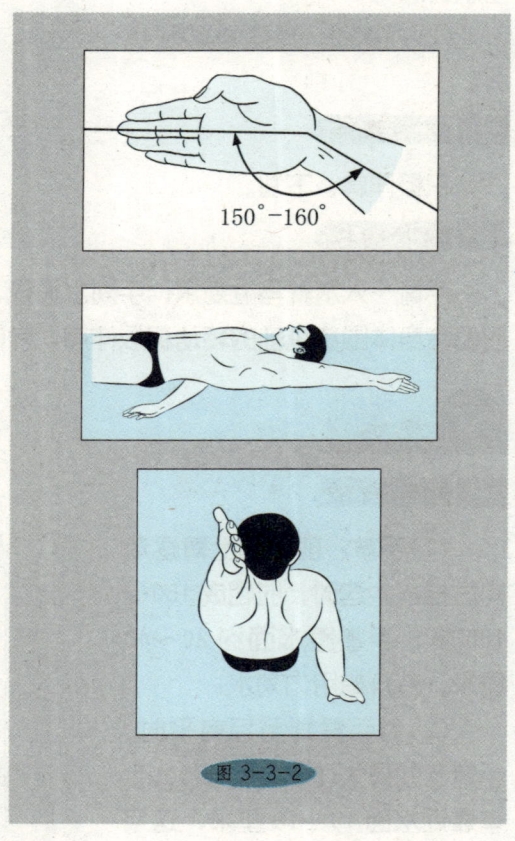

图 3-3-2

 **抓水**

🏵 **动作方法** 见图 3-3-3

（1）手臂入水后，配合身体围绕纵轴转动和积极伸肩，向侧下方划，然后转腕，肩臂内旋和屈肘，使手臂对准水并有压水的感觉；

（2）抓水时，身体倾斜约 45 度。

🏵 **技术要点**

积极伸肩，下划。

🏵 **错误纠正**

图 3-3-3

手臂一入水就马上划水，手划水很浅，产生气泡而划空。因此，入水后应配合身体围绕纵轴的转动积极伸肩，向侧下方划水，然后再屈臂划水。

 **抱水**

🏵 **动作方法** 见图 3-3-4

（1）手掌、前臂和上臂逐渐向后推水，这时，肘屈成 150～160 度，手掌距水面约 30～40 厘米，并开始用力划水；

（2）当手臂划至与肩平时，手臂弯曲最大（90～100 度），手掌靠近水面 10～15 厘米，这与自由泳的高肘划水相似，称为"倒高肘"划水。

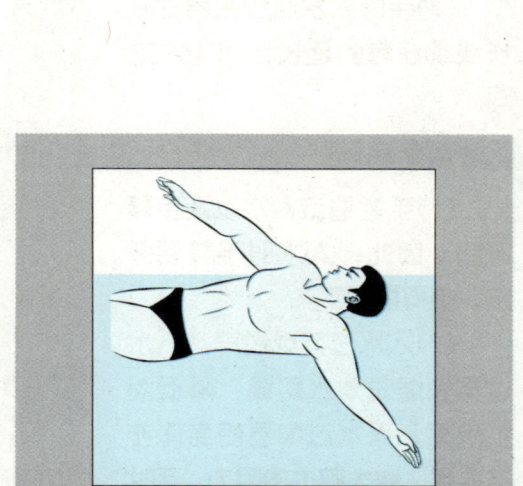

动作连贯，手掌始终对准划水的方向。

手距水面太浅和拖肘划水。因此，开始划水时，肘应相对稳定，前臂移动快于上臂，要使上臂、前臂和手在肩侧时充分向后推水，随时注意"倒高肘"划水。可以通过对着镜子模仿练习，强化动作概念，正确掌握动作结构。

图 3-3-4

 推水

见图 3-3-5

（1）推水开始后，手的移动领先于前臂和肘关节，手、前臂和上臂用力向后方推水，肘关节和前臂逐渐靠近身体，直到弯曲到 90 度的肘部完全伸展，手臂伸直；

（2）推水时手有向上的移动，当手上移至最高点时（距离水面约 10 厘米），前臂向内旋转，手掌朝后下方快速做鞭状推水动作，手掌距离水面约 40～50 厘米，身体也开始向另一侧转动，为出水做好准备。

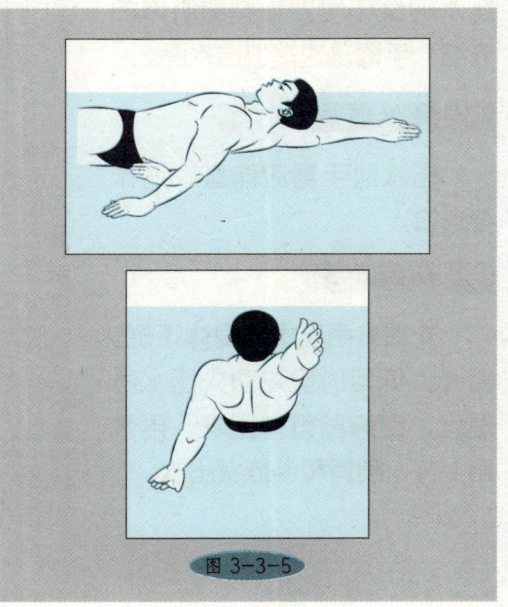

图 3-3-5

技术要点

手的移动领先于前臂和肘关节，手、前臂和上臂用力向后方推水并加速。

错误纠正

推水不到位造成水中划臂动作不完整，影响划水距离。因此，推水结束时应注意手臂伸直。

出水和移臂

出水和移臂主要是为下一次在水中划水做准备，这个过程不产生推动力。

出 水

动作方法 见图 3-3-6

推水完成后，借助手向下压水的反作用力和肩部肌肉的收缩，手臂迅速提拉出水面。

技术要点

出水时手臂应伸直，动作要连贯。

错误纠正

先提肩后压水，身体下沉。因此，练习时应注意先压水后提肩，使肩部首先出水，再带动上臂、前臂和手依次出水。

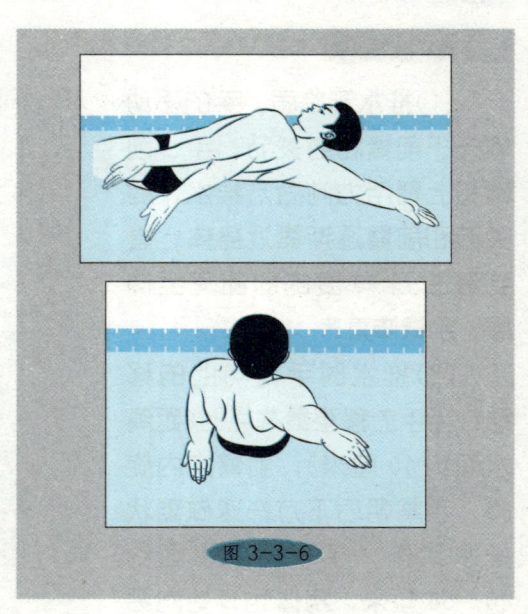

图 3-3-6

 移臂

🌸 **动作方法** 见图3-3-7

　　(1)出水后，手臂应迅速直臂向肩前移动；

　　(2)手臂移过垂直部位后应向外旋转，使掌心向外，为入水做好准备。

🌸 **技术要点**

　　移臂时手臂尽量垂直于水面，上臂应贴耳。

🌸 **错误纠正**

　　移臂过宽或过窄，手臂弯曲。因此，空中移臂时应注意手臂要伸直，垂直于水面。

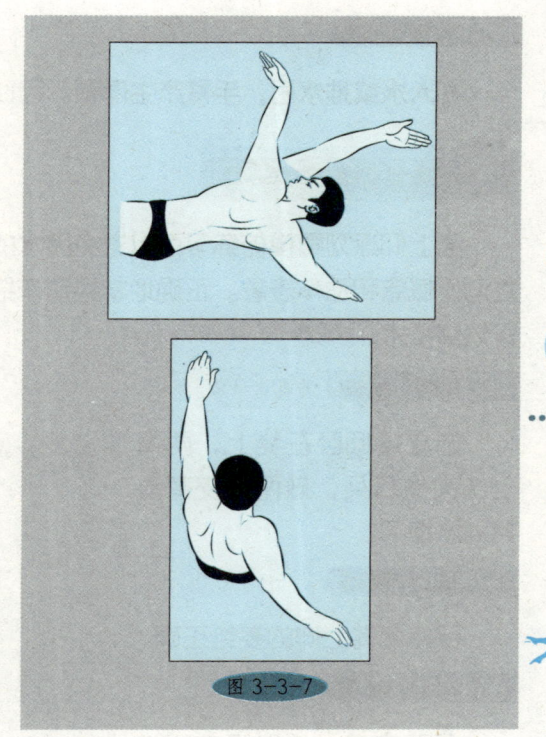

图 3-3-7

 两臂配合

🌸 **动作方法** 见图3-3-8

　　仰泳时，两臂的配合是连接式的，即一臂入水时，另一臂推水结束，两臂基本处于相反的位置，以保证动作的连贯性和前进速度的稳定性。

🌸 **技术要点**

　　(1)手臂划水动作应连贯、不停顿且有节奏；

　　(2)随着运动阶段的不同，各部分所用力量不同，动作速度也不一样。

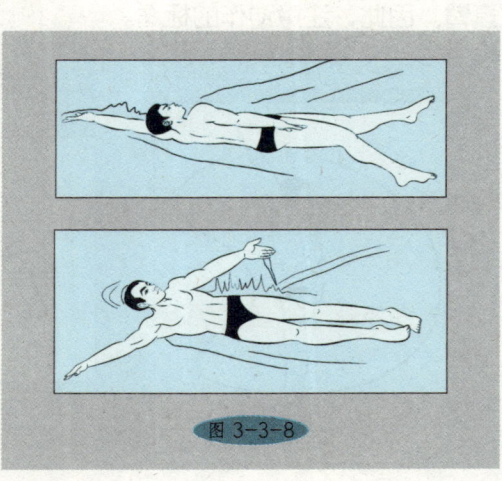

图 3-3-8

手臂技术

 错误纠正

在入水或推水后，手臂产生停顿。因此，应保证动作连贯流畅。

▼ 陆上模仿练习

陆上仰泳划臂模仿练习可以避免因水的特性带来的干扰，帮助学习者建立动作概念和动作表象。正确地掌握动作结构、路线，有助于初学者掌握仰泳划臂技术。

❀ 动作方法 见图 3-3-9

站立或仰卧在凳上，两臂上伸夹住耳朵，做两臂交替直臂划水练习。

❀ 技术要点

保持两臂上伸的姿势正确。

❀ 错误纠正

两臂交替上伸时没有保持直臂。因此，注意动作的标准。

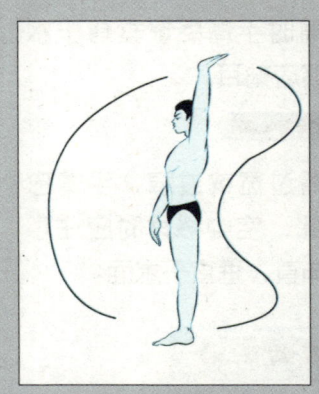

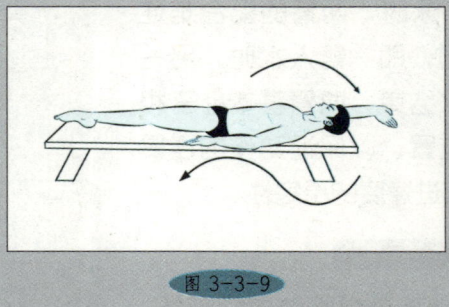

图 3-3-9

水中练习

通过水中利用浮板辅助练习，进一步熟练手臂划水动作，体会手臂划水的感觉，掌握完整的手臂技术。

动作方法 见图3-3-10

身体仰卧水中，两腿伸直，两大腿之间夹浮板，保持伸直不动，浮于水面，两臂做仰泳划水动作配合练习。

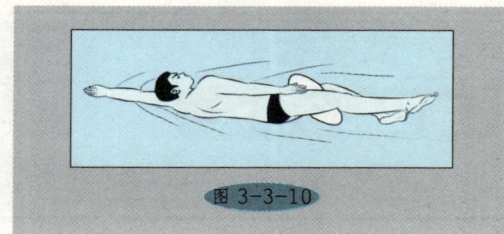

图 3-3-10

技术要点

保持大腿不动，手臂熟练划水。

错误纠正

动作不够完整。因此，应体会划水的技术特点，多加练习。

第四节

呼吸技术

许多人认为仰泳时面部朝上，所以，没有自由泳的转头动作，也没有蛙泳、蝶泳出水难的问题。虽然仰泳的呼吸很简单，但是开始游时会发现，时常会呛水，常常弄到鼻子里面，发酸难受。因此，应注意用口吸气，掌握正确的呼吸技术。

动作方法

（1）仰泳的呼吸一般是两次划水一次呼吸，即一手臂移臂时开始吸气，其他时候都在慢慢地呼气；

（2）在高速游进时也有一次划水一次呼吸的技术，但是呼吸不能过于频繁，否则会引起呼吸不充分，造成动作紊乱。

呼吸技术

技术要点

呼吸要有节奏。

错误纠正

呼吸与手臂配合节奏紊乱，易造成呛水或气喘吁吁。因此，应遵循用嘴呼吸，用嘴和鼻子呼气的方法，并有节奏地进行。

第五节
完整配合技术

完整的配合技术是匀速地不断向前游进的保证。

仰泳完整配合技术指的是打腿、划水、呼吸的配合，它是指臂划水的一个周期内呼吸与打腿的次数。

动作方法 见图 3-5-1

（1）常见的是 6：2：1（即 6 次打腿、2 次划水、1 次呼吸）的配合技术，也有用 4：2：1 或 2：2：1 的，但较少见；

（2）口鼻始终露出水面，呼吸不受限制，但为了避免呼吸不充分造成的动作紊乱，一般保持一定的呼吸节奏。

技术要点

整个动作要平衡和协调自然，保持一定的呼吸节奏。

错误纠正

配合不协调，不连贯。因此，应多进行打腿练习，在打好腿的基础上，逐渐完善手臂技术。

图 3-5-1

陆上模仿练习

通过陆上练习建立完整的动作概念。

动作方法

自然站立，走小碎步，做两臂划水与呼吸配合练习。

技术要点

动作连贯流畅，身体围绕纵轴转动。

错误纠正

动作不协调，身体左右摆动。因此，可对着镜子练习，控制身体围绕纵轴转动。

水中练习

当通过陆上模仿练习动作熟练后，就应及时下水实践，从而进一步掌握仰泳完整配合技术。

动作方法

(1)仰卧水中，两臂至大腿外侧，头保持平稳，两腿做交替打腿动作，保持这个姿势做两臂交替划水练习，一手臂划水返回大腿外侧，换另一侧手臂再划，反复练习；

(2)方法同上，两臂上举，做两臂交替划水练习；

(3)方法同上，交替划臂配合有节奏的呼吸练习；

(4)做完整动作长距离练习。

技术要点

整个动作要平衡和协调自然，保持一定的呼吸节奏。

错误纠正

同"完整配合技术"。

第六节

出发技术

出发是游泳比赛中的重要组成部分，掌握出色的出发技术是短距离项目取胜的重要因素。好的出发能形成一种领先优势。

仰泳是四种泳姿中唯一采用在水中出发的。

动作方法 见图 3-6-1

（1）双手握出发台拉手，两腿屈膝，前脚掌贴着池壁，两臂伸直放松，臀部浸在水中；

（2）听到"各就位"口令后，两臂把身体拉起，使臀部升至水面。

技术要点

两脚略分开，脚趾不能露出水面。

错误纠正

听到"各就位"口令后，两臂未把身体拉起。因此，应尽力拉起身体，使臀部升至水面。

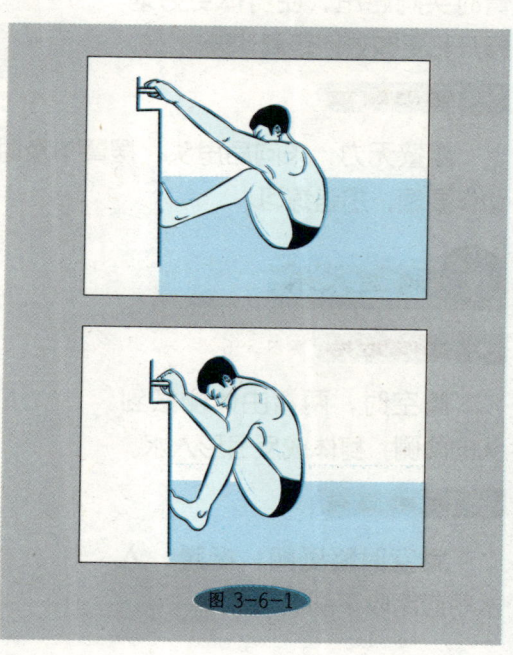

图 3-6-1

 起跑

🔆 **动作方法** 见图 3-6-2

（1）听到出发信号后，身体略向上拉起，两膝用力伸展，两手推出发台拉手，使身体离开；

（2）然后两臂伸直，两腿用力蹬池壁，两臂向后摆动。

🔆 **技术要点**

（1）两手推出发台拉手时要下压，使身体向上离开；

（2）脚要用力蹬壁，向后摆臂时头向后甩，使身体更好地展开和更有效地蹬离池壁。

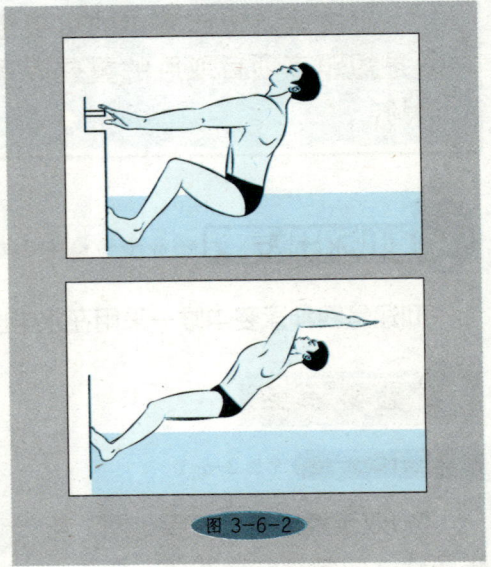

图 3-6-2

🔆 **错误纠正**

蹬壁无力，未向后甩头，摆臂不及时，影响下一动作。因此，应熟记动作要领，加强练习。

 腾空入水

🔆 **动作方法** 见图 3-6-3

腾空时，两臂由体侧摆到头的两侧，身体成反弓形入水。

🔆 **技术要点**

腾空时略挺胸、挺腹，入水后应略收下颌。

错误纠正

背先入水或身体入水过深，因未抬头、挺胸或头过于后仰造成。因此，应在展体摆臂时，抬头，挺胸，使身体呈反弓形。

▼ 滑行和起游

 动作方法 见图3-6-4

（1）入水后立即低头、收下颌，使身体展开在水下滑行；

（2）当感觉速度下降时，立即打腿并划水，上升到水面游泳。

 技术要点

入水以后，在水中海豚式打腿潜水一段距离后（超过15米），再出水面游泳。

 错误纠正

身体过于松弛，未保持较好的流线型，影响滑行速度。因此，入水后滑行身体应适度紧张、伸展，保持流线型，与起游动作连接顺畅。

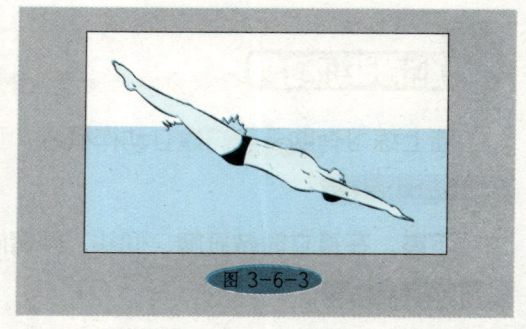

图 3-6-3

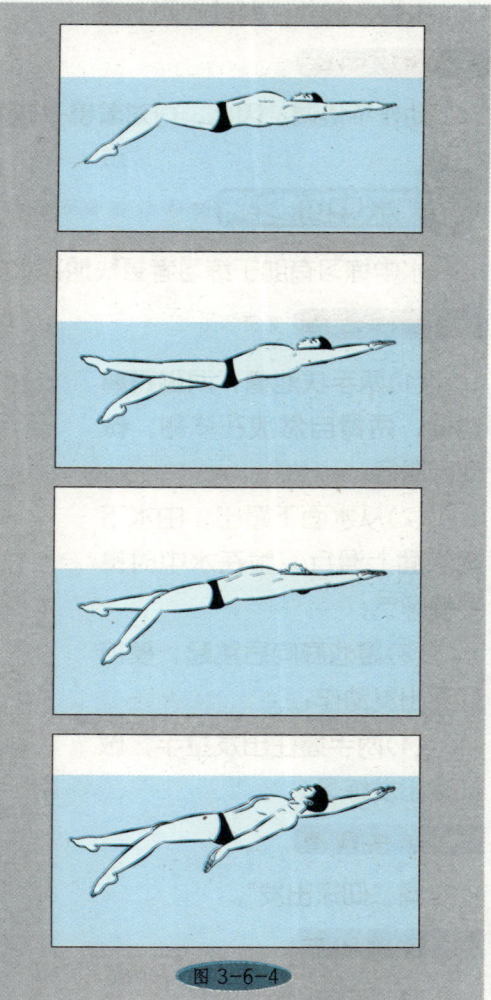

图 3-6-4

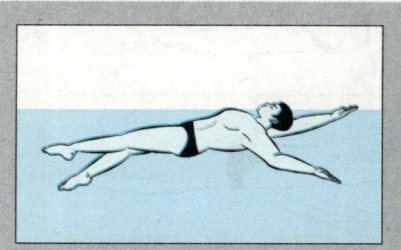

 **陆上练习**

陆上练习有助于我们建立动作概念，正确地掌握动作结构。

❄ **动作方法**

下蹲，在直立时做挺胸、仰头、两臂向侧上摆的模仿练习。

❄ **技术要点**

挺胸、仰头、两臂向侧上摆。

❄ **错误纠正**

动作不协调。因此，可对着镜子做两臂向侧上摆练习。

 **水中练习**

水中练习有助于练习者更快地在水中熟悉动作方法。

❄ **动作方法** 见图 3-6-5

（1）两手扶池槽，两脚蹬离池壁，两臂自然放在体侧，做仰卧滑行；

（2）从水面下蹬出，由水下向水面上滑行，脸在水中时鼻要慢呼气；

（3）蹬池底向后跳起，模仿仰泳出发动作；

（4）两手握住出发拉手，做仰泳出发练习。

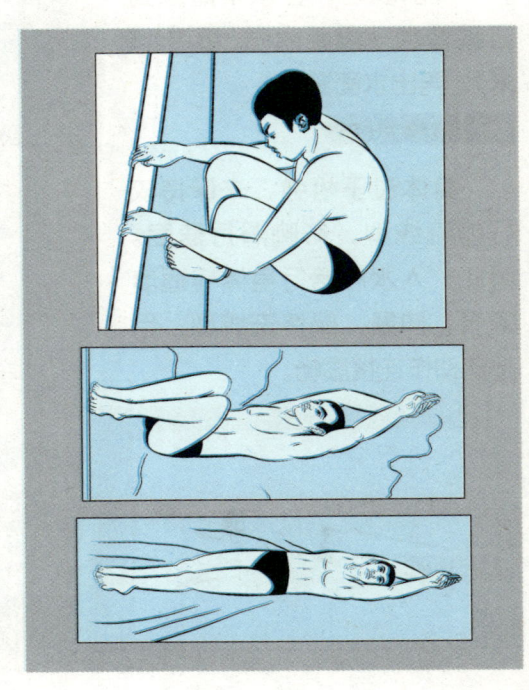

❄ **技术要点**

同"仰泳出发"。

❄ **错误纠正**

同"仰泳出发"。

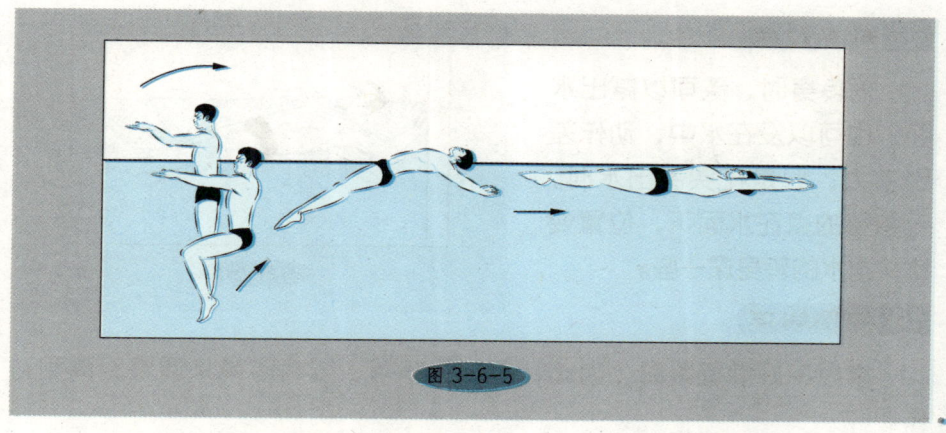

图 3-6-5

第七节

转身技术

　　转身是长距离游的一部分，距离越长，转身就越多，在 25 米长的泳池中，转身次数更是成倍增加。转身技术对比赛成绩起着举足轻重的作用。仰泳转身技术有很多，包括平转身、半滚翻转身和前滚翻转身等。

平转身

　　平转身是仰泳转身中最简单易学的一种方法，适合初学者。平转身技术中，头可以出水面也可以不出水面，下面以右手触壁为例进行说明。

游近池壁

动作方法 见图 3-7-1

　　（1）保持速度游近池壁，以标志绳来调整距离和动作，在左臂完成最后一次划水后，右臂摆至头部左前方；

　　（2）头和肩偏向右侧，右手在左肩前方约离水面 20 厘米深处触壁。

平转身时，头可以露出水面，也可以没在水中，动作差别不大，只是在头部出水时，手触壁的点在水面下，位置要比头出水的转身深一些。

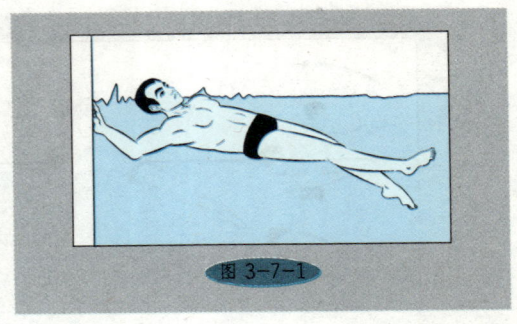

图 3-7-1

🌸 错误纠正

掌握不好触壁距离。因此，应加强练习，以标志绳来调整距离和动作。

转身

🌸 动作方法　见图 3-7-2

（1）右手触壁后随惯性屈肘，双腿仍做踢水的动作，由于前进方向的改变，就产生了围绕着身体前后轴转动的力量，使身体在水面转动；

（2）屈膝团身，以缩短转动半径并且减少阻力，同时右手在旋转中做向右推离池壁的动作，以加强头、肩向右旋转的力量；

（3）左臂在体侧由水平姿势屈肘向前移动，两脚触池壁后，两臂向前并拢伸出。

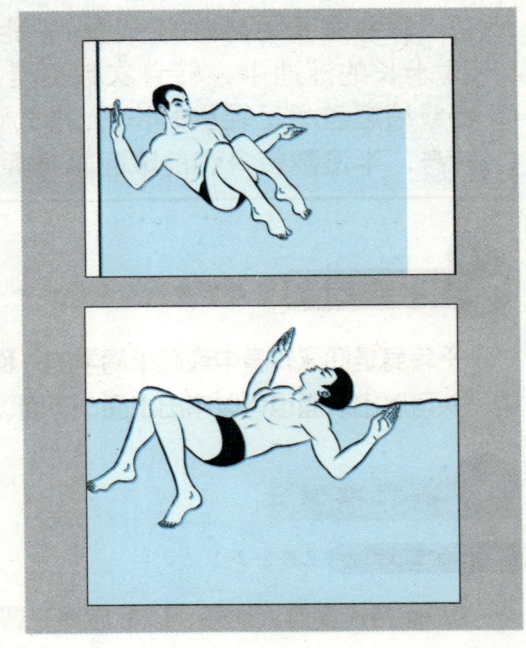

🌸 技术要点

屈膝团身，身体旋转动作连贯，无停顿。

团身晚且不到位，影响转身动作的完成。因此，手触壁后应积极屈膝团身。

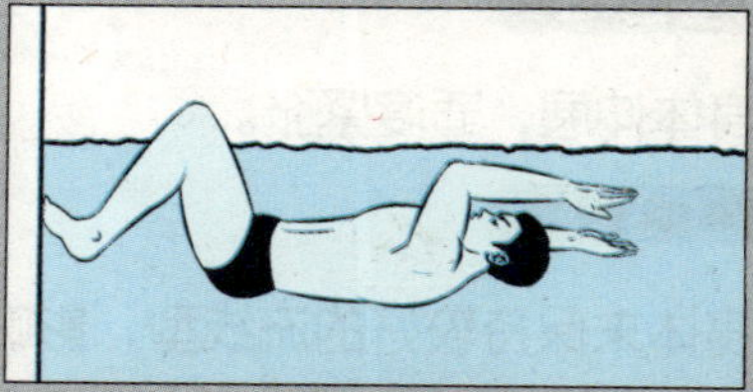

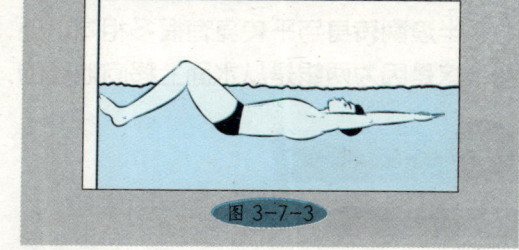

图 3-7-2

蹬壁

动作方法 见图 3-7-3

（1）完成转身动作后，两腿弯曲，两脚蹬在池壁约离水面 25～35 厘米处；

（2）上体伸直，正对游进方向，同时做蹬壁动作。

图 3-7-3

技术要点

蹬壁要有力，与转身动作的衔接要顺畅。

错误纠正

单脚蹬壁，脚没贴好池壁或身体离池壁太远，造成蹬壁无力。因此，转身时应注意同时收腿，触壁前要保持游速。

滑行和起游

动作方法 见图 3-7-4

（1）蹬壁后，身体呈流线型向前滑行；

（2）当滑行速度降至接近游进速度时，开始打反蝶泳腿或踢仰泳腿，距离不得超过 15 米就必须做划水动作并使身体升至水面进行游进。

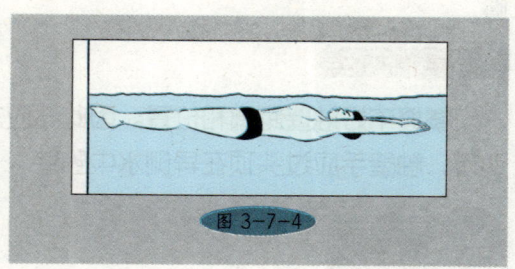

图 3-7-4

转身技术

技术要点

身体伸展，适度紧张。

错误纠正

身体未保持较好的流线型，影响滑行速度。因此，在蹬壁后滑行时，身体应保持流线型，与起游动作连接要顺畅。

 **半滚翻转身** ◆◆◆◆◆◆◆◆◆

半滚翻转身与平转身有很多相同之处，动作简单易学，而且速度要快一些，这是因为两腿是从水面上移向池壁的，阻力小得多。

游近池壁

动作方法 见图 3-7-5

在结束最后一次划水后，触壁手过头顶，在异侧水中触壁。

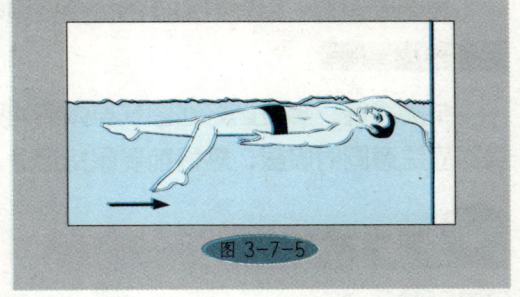

图 3-7-5

技术要点

（1）保持游进速度，手在较深的位置触壁；

（2）触壁时，要略仰头挺胸。

错误纠正

掌握不好触壁距离和位置。因此，应加强练习，以标志绳来调整距离和动作，触壁手应过头顶在异侧水中触壁。

转身

动作方法 见图 3-7-6

（1）触壁后屈膝团身，借助手臂推离和头肩转动的力量将两腿经空中甩向池壁；

（2）当转身结束时，膝关节弯曲，两脚接触池壁。

 **技术要点**

屈膝团身、两腿经空中甩向池壁时速度要快，动作要连贯。

 **错误纠正**

屈膝团身不到位，转不过身。这是由于没能有效地借助手臂推离和头肩转动的力量，两腿空中甩向池壁的速度不够。因此，应多做练习，熟练掌握动作方法，保证身体的旋转速度，动作要连贯。

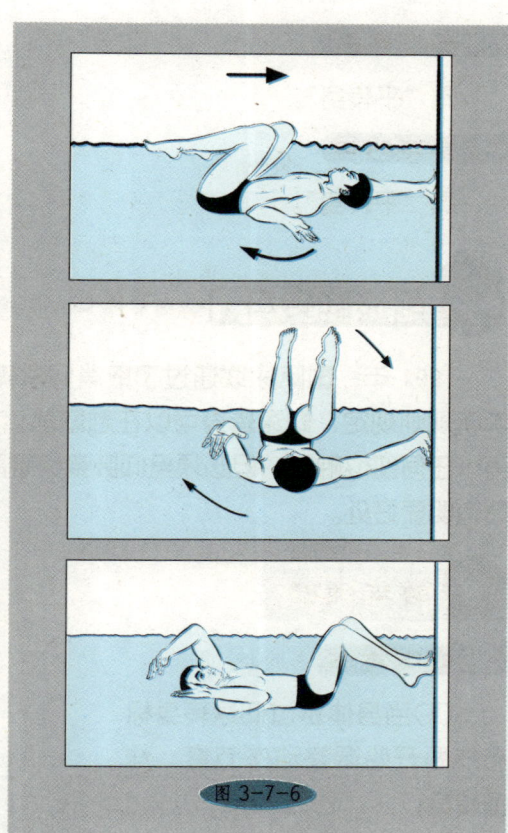

图 3-7-6

 **蹬壁**

 **动作方法** 见图 3-7-7

同"平转身"。

 **技术要点**

同"平转身"。

 **错误纠正**

同"平转身"。

 **滑行**

 **动作方法**

同"平转身"。

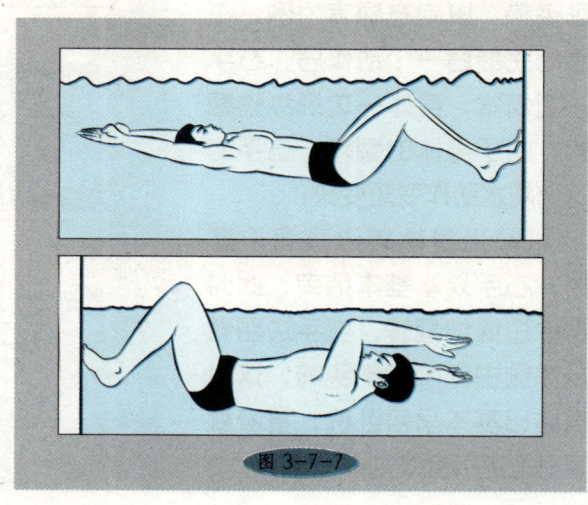

图 3-7-7

同"平转身"。

同"平转身"。

前滚翻转身

1991 年，国际泳联通过了取消仰泳转身时必须用手触壁的规定。1992 年新规则规定，仰泳转身可以在触壁前，身体翻转超过垂直面呈俯卧姿势，再以任何部位触壁，但必须呈仰卧姿势蹬离池壁。这样游距缩短，对提高成绩有明显好处。

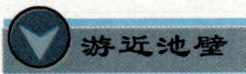

▼ 游近池壁

※ **动作方法** 见图 3-7-8

（1）当身体游过仰泳转身标志线后开始调整动作节奏，准备转身；

（2）身体先绕纵轴翻转为俯卧姿势，以向右翻转为例，左手划完最后一个动作后，右手一边划水，身体一边绕纵轴翻转，由于身体的翻转，右手的这次划水动作变短变快；

（3）当身体转过垂直位置时，右手划水基本结束，此时身体边继续翻转，左手边屈臂从体侧由空中移到头前，这时身体已基本呈俯卧位，接着就要马上进行翻滚动作。

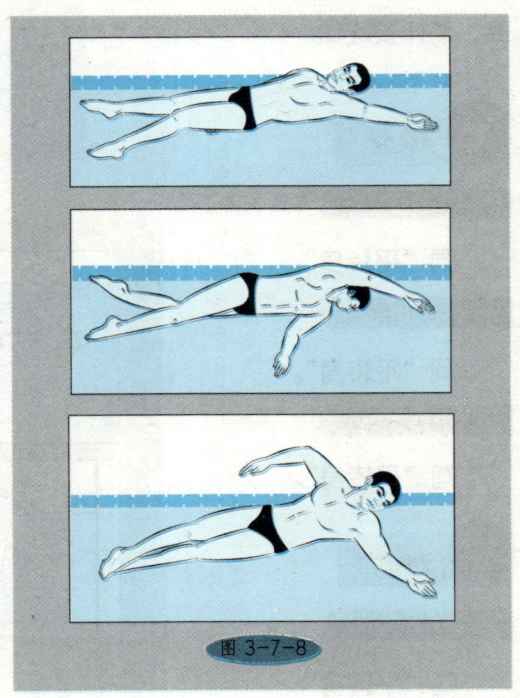

图 3-7-8

 **技术要点**

动作连贯流畅。

错误纠正

身体由仰卧转为俯卧后，继续打腿，这在比赛中是犯规的。因此，身体转成俯卧后应停止打腿。

▼ 转身

动作方法 见图 3-7-9

（1）低头、压肩、掌心朝下，两腿并拢屈膝做一次海豚腿，帮助臀部向上提起，两手向下方拨水，提臀、收腹、屈髋；

（2）当臀部越过头部时，一手向头部方向拨水，另一手做小幅度的环形划水，同时团身、腿屈膝加速翻转，使两脚甩向池壁，身体呈仰卧姿势，完成转身；

（3）在滚翻过程中，应保持轻微呼气，以避免鼻腔呛水。

技术要点

低头、收腹、屈髋、提臀要快，动作要连贯。

错误纠正

转不过来，主要是因提臀不够、转身后展体太早造成的。因此，可以在同伴的帮助下练习。

图 3-7-9

动作方法 见图 3-7-10

同"平转身"。

技术要点

同"平转身"。

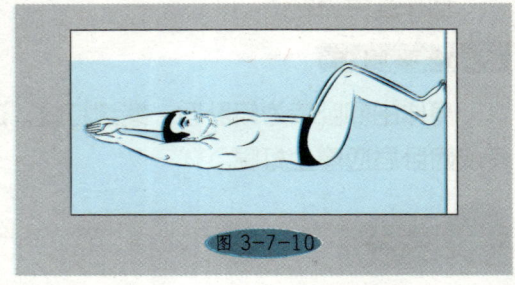

图 3-7-10

错误纠正

前滚翻后蹬不到池壁，未掌握好游近池壁时的距离，离池壁太远，或滚翻时方向不正，脚未贴好池壁。因此，应调整游近距离，体会转身后身体所处的位置及两脚贴池壁的动作。

滑行

动作方法 见图 3-7-11

同"平转身"。

技术要点

同"平转身"。

错误纠正

同"平转身"。

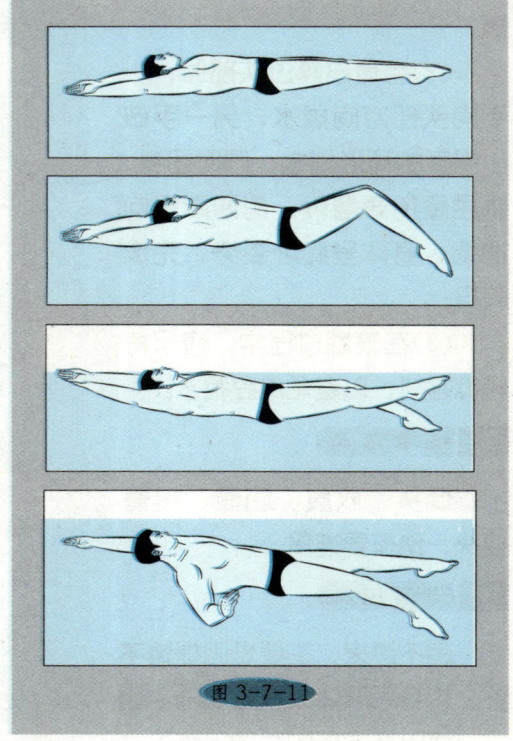

图 3-7-11

第八节

结束动作

结束触壁动作对运动员特别是高水平运动员的比赛成绩有着至关重要的影响。

动作方法 见图 3-8-1

（1）从游泳池的中间开始加速游向终点，当游到仰泳转身标志线时开始数动作次数，以便更好地完成触壁动作；

（2）最后一次臂划入水时手臂要充分伸展，身体转向同一侧，但还要保持规则允许的背部范围；

（3）在触壁过程中必须保持头部动作，并继续打腿完成触壁动作。

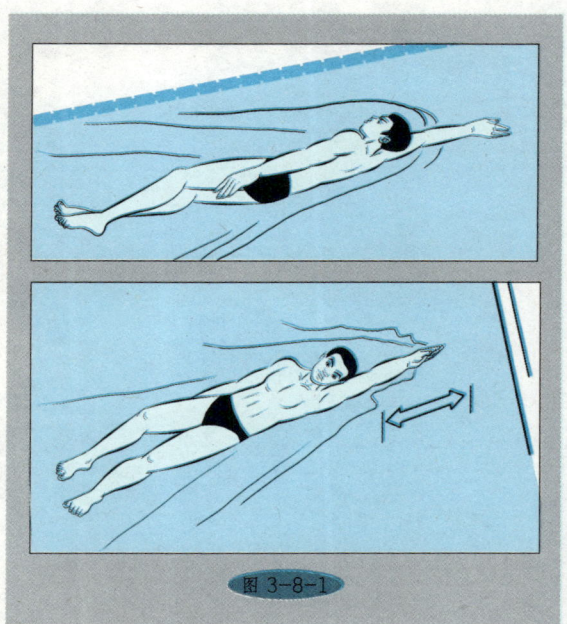

图 3-8-1

技术要点

全力游进、用力打腿、手臂充分伸展。

错误纠正

最后一次划臂入水离池壁过远或过近，影响速度，无法完成正确触壁动作。因此，应增加练习，将注意力集中于标志线而不是池壁，熟练掌握自己从标志线开始到池壁的划臂次数，每次从标志线开始数动作次数的方式要保持一致。

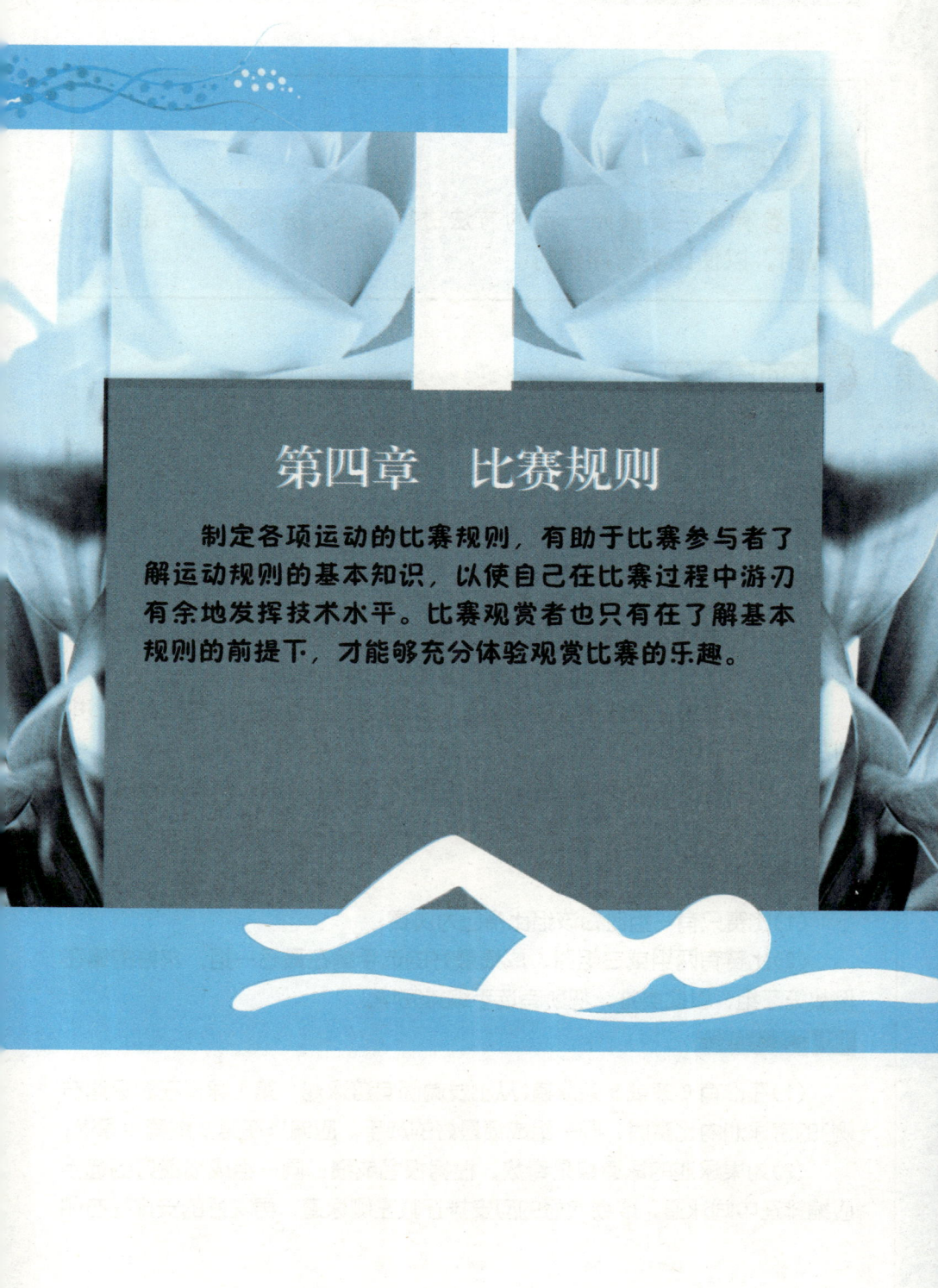

第四章　比赛规则

　　制定各项运动的比赛规则，有助于比赛参与者了解运动规则的基本知识，以使自己在比赛过程中游刃有余地发挥技术水平。比赛观赏者也只有在了解基本规则的前提下，才能够充分体验观赏比赛的乐趣。

第一节

比赛方法

　　参赛选手要按照一定的方法进行比赛，并须遵循一定的规则，以使比赛有序进行。

仰泳比赛分为 50 米、100 米、200 米三个项目。

报名

　　(1)所有参赛选手必须在比赛规定期限内办理报名手续，并在报名单上注明过去 12 个月里的最好成绩，按照成绩优劣排列顺序；

　　(2)未按要求在报名单上注明过去一年最好成绩者则视为成绩最差，排列在最后；

　　(3)成绩相同的选手或未注明成绩的选手超过 1 人时，其顺序通过抽签决定。

分组

　　(1)比赛只有一组时，该组比赛应为决赛；

　　(2)比赛有两组或三组时，成绩最好的选手编在最后一组，次好的编在倒数第二组，以此类推，把所有选手编排完毕。

泳道安排

　　(1)在设有 6 条或 8 条泳道(从出发端面向游泳池，第 1 泳道在游泳池右侧)的游泳池内比赛时，同一组成绩最好的选手，应编排在第 3 或第 4 泳道；

　　(2)如果泳池的泳道数是奇数，根据报名成绩，同一组成绩最好的选手应编排在中间泳道，成绩次好的应安排在其左侧泳道，再次好的安排在右侧泳道；

（3）成绩相同的选手通过抽签的方式决定泳道位置。

 **晋级方式**

（1）如果同组或不同组的选手预赛或半决赛的成绩相同（精确到1/100秒），且都排在第8名或第16名时，应进行重赛，以确定谁进入半决赛或决赛；

（2）当半决赛或决赛中有一名或一名以上选手弃权时，其名额可按选手预赛或半决赛的成绩依次替补。

泳式规定 ◆◆◆◆◆◆◆◆

仰泳是竞技游泳的四种泳式之一，在比赛中有一定的规定要求：

（1）必须从水中出发。在出发信号发出前，选手在水中，面对出发端，两手抓住握手杆。禁止站在水槽里或水槽上，或脚趾勾在水槽沿上。

（2）出发和转身后，选手应蹬离池壁，除做转身动作外，选手在整个游进过程中应始终呈仰卧姿势。仰卧姿势允许身体做转动动作，但必须保持与水平面小于90度的仰卧姿势，头部位置不受此限。

（3）在整个游进过程中，选手身体的某一部分必须露出水面。在转身过程中，允许选手完全潜入水中，但在出发和每次转身后，选手潜泳距离不得超过15米，在15米时选手的头必须已经露出水面。

（4）在转身过程中，选手身体的某部分必须触壁。转身过程中允许肩的转动超过垂直面，之后可进行一次单臂划水或双臂同时划水动作，并以此划水动作为转身的开始。选手必须呈仰卧姿势蹬离池壁。

（5）选手在到达终点时，必须以仰卧姿势触壁，触壁时允许身体潜入水中。

第二节
裁判方法

　　在比赛过程中，裁判人员通过履行其职责，进行正确的裁判工作，来保证比赛的公平、公正。

　　在正式的游泳比赛中，裁判员应包括总裁判、技术检查员、发令员、转身检查员、计时员、编排记录员、检录员、报告员和司线等。如果使用自动计时装置，应增设自动计时长一人、自动计时员一人。基层比赛的裁判员人数可根据比赛的具体条件安排。

犯规

　　以下几种情况，视为犯规：
　　(1)选手必须在自己的泳道内比赛完毕，否则判为犯规；
　　(2)游出本泳道或用其他方式干扰、阻碍其他选手者应取消其录取资格；
　　(3)选手转身时必须使身体某一部分触及池壁，否则判为犯规；
　　(4)选手不得使用或穿戴任何有利于其速度、浮力的器具(如手蹼、脚蹼等，但可戴游泳镜)，否则判为犯规；
　　(5)不允许陪游、带游；不允许采取任何能起速度诱导作用的办法，否则判为犯规。

　　根据比赛中记录的时间和名次，可以判定成绩。

计时方法

　　(1)比赛中如果使用自动计时装置，由该装置判定的名次、成绩应比人工计时的判定优先采用；

(2)当自动计时装置失灵未能记录一名或多名选手的成绩或名次时，应记录自动计时装置上已得到的有效成绩和名次，并记录所有人工计时的成绩和名次。

名次判定

(1)在同组比赛中，将同样具有自动计时装置记录成绩和名次的选手进行比较，应保留其相对顺序；

(2)不具有自动计时装置记录名次的，但具有自动计时装置记录成绩的名次，应通过选手自动计时装置记录成绩与其他具有自动计时装置记录的选手的成绩进行比较，确定其相对顺序；

(3)既没有自动计时装置记录名次，又无自动计时装置记录成绩的选手，应通过半自动计时装置（或三块计时秒表）记录的成绩，确定其相对顺序。

裁判方法

成绩判定

(1)具有自动计时装置记录成绩的所有选手，该成绩即为正式成绩；

(2)所有不具备自动计时装置记录成绩的选手，半自动计时装置（或三块计时秒表）记录的成绩即为正式成绩。

附录 技术等级和段位标准表

为了帮助读者了解游泳运动的锻炼水平，特列举了不同年龄的段位标准，供参考。

全国业余游泳锻炼技术等级标准（女子）

	业余健将		一级	
	50米池	25米池	50米池	25米池
50米自由泳	35.00	34.00	39.00	38.00
100米自由泳	1:19.00	1:17.50	1:25.00	1:23.50
200米自由泳	2:47.00	2:44.00	3:02.00	2:59.00
400米自由泳	5:47.50	5:40.50	6:18.00	6:11.00
50米蛙泳	44.00	43.00	49.00	48.00
100米蛙泳	1:36.00	1:34.00	1:45.00	1:43.00
200米蛙泳	3:28.00	3:24.00	4:47.00	4:43.00
50米仰泳	40.50	39.50	44.00	43.00
50米蝶泳	38.50	37.50	41.00	40.00

全国业余游泳锻炼技术等级标准（女子）

	二级		三级	
	50 米池	25 米池	50 米池	25 米池
50 米自由泳	46.50	45.50	58.00	57.00
100 米自由泳	1:42.00	1:40.50	2:07.00	2:05.50
200 米自由泳	3:39.00	3:36.00	4:33.00	4:30.00
400 米自由泳	7:35.00	7:28.00	9:26.00	9:19.00
50 米蛙泳	59.00	58.00	1:14.00	1:13.00
100 米蛙泳	2:06.00	2:04.00	2:37.50	2:35.50
200 米蛙泳	4:34.00	4:30.00	5:42.50	5:38.50
50 米仰泳	52.50	51.50	1:05.00	1:04.00
50 米蝶泳	50.50	49.50	1:02.50	1:01.50

全国业余游泳锻炼段位标准（男子）13～15 岁组

	一段（飞鱼）		二段（鲸鱼）	
	50 米池	25 米池	50 米池	25 米池
50 米自由泳	43.00	43.00	53.00	53.00
100 米自由泳	1:36.00	1:35.00	1:56.00	1:55.00
200 米自由泳	3:27.00	3:25.00	4:07.00	4:05.00
400 米自由泳	7:14.00	7:11.00	8:34.00	8:31.00
50 米蛙泳	52.00	52.00	1:02.00	1:02.00
100 米蛙泳	1:54.00	1:53.00	2:14.00	2:13.00
200 米蛙泳	4:03.00	4:01.00	4:33.00	4:31.00
50 米仰泳	51.00	51.00	1:01.00	1:01.00
50 米蝶泳	50.00	50.00	1:00.00	1:00.00

全国业余游泳锻炼段位标准(男子)13～15岁组

	三段(海豚)		四段（海豹）	
	50 米池	25 米池	50 米池	25 米池
50 米自由泳	1:13.00	1:13.00	1:43.00	1:43.00
100 米自由泳	2:36.00	2:35.00	3:36.00	3:35.00
200 米自由泳	5:27.00	5:25.00	7:27.00	7:25.00
400 米自由泳	11:14.00	11:11.00	15:14.00	15:11.00
50 米蛙泳	1:22.00	1:22.00	1:52.00	1:52.00
100 米蛙泳	2:54.00	2:53.00	3:54.00	3:53.00
200 米蛙泳	6:03.00	6:01.00	8:03.00	8:00.00
50 米仰泳	1:21.00	1:21.00	1:51.00	1:51.00
50 米蝶泳	1:20.00	1:20.00	1:50.00	1:50.00

全国业余游泳锻炼段位标准（男子）16～18 岁组

	一段（飞鱼）		二段（鲸鱼）	
	50 米池	25 米池	50 米池	25 米池
50 米自由泳	39.50	39.50	49.50	49.50
100 米自由泳	1:29.00	1:28.00	1:49.00	1:48.00
200 米自由泳	3:13.00	3:11.00	3:53.00	3:51.00
400 米自由泳	6:46.00	6:43.00	8:06.00	8:03.00
50 米蛙泳	48.00	48.00	58.00	58.00
100 米蛙泳	1:46.00	1:45.00	2:06.00	2:05.00
200 米蛙泳	3:47.00	3:45.00	4:27.00	4:25.00
50 米仰泳	47.00	47.00	57.00	57.00
50 米蝶泳	46.00	46.00	56.00	56.00

全国业余游泳锻炼段位标准(男子)16～18 岁组

	三段(海豚)		四段（海豹）	
	50 米池	25 米池	50 米池	25 米池
50 米自由泳	1:09.50	1:09.50	1:39.50	1:39.50
100 米自由泳	2:29.00	2:28.00	3:29.00	3:28.00
200 米自由泳	5:13.00	5:11.00	7:13.00	7:11.00
400 米自由泳	10:46.00	10:43.00	14:46.00	14:43.00
50 米蛙泳	1:18.00	1:18.00	1:48.00	1:48.00
100 米蛙泳	2:46.00	2:45.00	3:46.00	3:45.00
200 米蛙泳	5:47.00	5:45.00	7:47.00	7:45.00
50 米仰泳	1:17.00	1:17.00	1:47.00	1:47.00
50 米蝶泳	1:16.00	1:16.00	1:46.00	1:46.00

全国业余游泳锻炼段位标准(男子)19～24 岁组

	一段(飞鱼)		二段(鲸鱼)	
	50 米池	25 米池	50 米池	25 米池
50 米自由泳	35.00	35.00	37.00	37.00
100 米自由泳	1:20.00	1:19.00	1:24.00	1:23.00
200 米自由泳	2:55.00	2:53.00	3:03.00	3:01.00
400 米自由泳	6:10.00	6:07.00	6:26.00	6:23.00
50 米蛙泳	43.00	43.00	45.00	45.00
100 米蛙泳	1:36.00	1:35.00	1:40.00	1:39.00
200 米蛙泳	3:27.00	3:25.00	3:35.00	3:33.00
50 米仰泳	42.00	42.00	44.00	44.00
50 米蝶泳	41.00	41.00	43.00	43.00

全国业余游泳锻炼段位标准（男子）19～24 岁组

	三段（海豚）		四段（海豹）	
	50 米池	25 米池	50 米池	25 米池
50 米自由泳	40.00	40.00	45.00	45.00
100 米自由泳	1:30.00	1:29.00	1:40.00	1:39.00
200 米自由泳	3:15.00	3:13.00	3:35.00	3:33.00
400 米自由泳	6:50.00	6:47.00	7:30.00	7:27.00
50 米蛙泳	48.00	48.00	53.00	53.00
100 米蛙泳	1:46.00	1:45.00	1:56.00	1:55.00
200 米蛙泳	3:47.00	3:45.00	4:07.00	4:05.00
50 米仰泳	47.00	47.00	52.00	52.00
50 米蝶泳	46.00	46.00	51.00	51.00

段位标准

全国业余游泳锻炼段位标准(男子)19～24 岁组

	五段		六段	
	50 米池	25 米池	50 米池	25 米池
50 米自由泳	53.00	53.00	1:03.00	1:03.00
100 米自由泳	1:46.00	1:45.00	2:16.00	2:15.00
200 米自由泳	3:47.00	3:45.00	4:47.00	4:45.00
400 米自由泳	7:54.00	7:51.00	9:54.00	9:51.00
50 米蛙泳	1:01.00	1:01.00	1:11.00	1:11.00
100 米蛙泳	2:12.00	2:11.00	2:32.00	2:31.00
200 米蛙泳	4:39.00	4:37.00	5:19.00	5:17.00
50 米仰泳	1:00.00	1:00.00	1:10.00	1:10.00
50 米蝶泳	59.00	59.00	1:09.00	1:09.00

全国业余游泳锻炼段位标准(男子)19～24 岁组

	七段		八段	
	50 米池	25 米池	50 米池	25 米池
50 米自由泳	1:18.00	1:18.00	1:38.00	1:38.00
100 米自由泳	2:46.00	2:45.00	3:26.00	3:25.00
200 米自由泳	5:47.00	5:45.00	7:07.00	7:05.00
400 米自由泳	11:54.00	11:51.00	14:34.00	14:31.00
50 米蛙泳	1:26.00	1:26.00	1:46.00	1:46.00
100 米蛙泳	3:02.00	3:01.00	3:42.00	3:41.00
200 米蛙泳	6:19.00	6:17.00	7:39.00	7:37.00
50 米仰泳	1:25.00	1:25.00	1:45.00	1:45.00
50 米蝶泳	1:24.00	1:24.00	1:44.00	1:44.00

全国业余游泳锻炼段位标准(男子)25～34 岁组

	一段(飞鱼)		二段(鲸鱼)	
	50 米池	25 米池	50 米池	25 米池
50 米自由泳	37.00	37.00	39.00	39.00
100 米自由泳	1:24.00	1:23.00	1:28.00	1:27.00
200 米自由泳	3:03.00	3：01.00	3:11.00	3:09.00
400 米自由泳	6:26.00	6:23.00	6:42.00	6:39.00
50 米蛙泳	46.00	46.00	48.00	48.00
100 米蛙泳	1:42.00	1:41.00	1:46.00	1:45.00
200 米蛙泳	3:39.00	3:37.00	3:47.00	3:45.00
50 米仰泳	45.00	45.00	47.00	47.00
50 米蝶泳	44.00	44.00	46.00	46.00

全国业余游泳锻炼段位标准(男子)25～34 岁组

	三段（海豚）		四段（海豹）	
	50 米池	25 米池	50 米池	25 米池
50 米自由泳	42.00	42.00	47.00	47.00
100 米自由泳	1:38.00	1:37.00	1:44.00	1:43.00
200 米自由泳	3:31.00	3:29.00	3:43.00	3:41.00
400 米自由泳	7:22.00	7:19.00	7:46.00	7:43.00
50 米蛙泳	51.00	51.00	56.00	56.00
100 米蛙泳	1:52.00	1:51.00	2:02.00	2:01.00
200 米蛙泳	3:59.00	3:57.00	4:19.00	4:17.00
50 米仰泳	50.00	50.00	55.00	55.00
50 米蝶泳	49.00	49.00	54.00	54.00

段位标准

全国业余游泳锻炼段位标准(男子)25～34 岁组

	五段		六段	
	50 米池	25 米池	50 米池	25 米池
50 米自由泳	55.00	55.00	1:05.00	1:05.00
100 米自由泳	2:00.00	1:59.00	2:20.00	2:19.00
200 米自由泳	4:15.00	4:13.00	4:55.00	4:53.00
400 米自由泳	8:50.00	8:47.00	10:10.00	10:07.00
50 米蛙泳	1:04.00	1:04.00	1:14.00	1:14.00
100 米蛙泳	2:18.00	2:17.00	2:38.00	2:37.00
200 米蛙泳	4:51.00	4:49.00	5:31.00	5:29.00
50 米仰泳	1:03.00	1:03.00	1:13.00	1:13.00
50 米蝶泳	1:02.00	1:02.00	1:12.00	1:12.00

全国业余游泳锻炼段位标准（男子）25~34 岁组

	七段		八段	
	50 米池	25 米池	50 米池	25 米池
50 米自由泳	1:15.00	1:15.00	1:35.00	1:35.00
100 米自由泳	2:40.00	2:39.00	3:20.00	3:19.00
200 米自由泳	5:35.00	5:33.00	6:55.00	6:53.00
400 米自由泳	11:30.00	11:27.00	14:10.00	14:07.00
50 米蛙泳	1:29.00	1:29.00	1:49.00	1:49.00
100 米蛙泳	3:08.00	3:07.00	3:48.00	3:47.00
200 米蛙泳	6:31.00	6:29.00	7:51.00	7:49.00
50 米仰泳	1:28.00	1:28.00	1:48.00	1:48.00
50 米蝶泳	1:27.00	1:27.00	1:47.00	1:47.00

段位标准

全国业余游泳锻炼段位标准(男子)35～44 岁组

	一段(飞鱼)		二段(鲸鱼)	
	50 米池	25 米池	50 米池	25 米池
50 米自由泳	40.00	40.00	42.00	42.00
100 米自由泳	1:30.00	1:29.00	1:34.00	1:33.00
200 米自由泳	3:15.00	3:13.00	3:23.00	3:21.00
400 米自由泳	6:50.00	6:47.00	7:06.00	7:03.00
50 米蛙泳	48.50	48.50	50.50	50.50
100 米蛙泳	1:47:00	1:46:00	1:51.00	1:50.00
200 米蛙泳	3:49:00	3:47:00	3:57.00	3:55.00
50 米仰泳	47.00	47.00	49.00	49.00
50 米蝶泳	46.00	46.00	48.00	48.00

附
录

全国业余游泳锻炼段位标准(男子)35～44 岁组

	三段(海豚)		四段(海豹)	
	50 米池	25 米池	50 米池	25 米池
50 米自由泳	45.00	45.00	50.00	50.00
100 米自由泳	1:40.00	1:39.00	1:50.00	1:49.00
200 米自由泳	3:35.00	3:33.00	3:55.00	3:53.00
400 米自由泳	7:30.00	7:27.00	8:10.00	8:07.00
50 米蛙泳	53.50	53.50	58.50	58.50
100 米蛙泳	1:57.00	1:56.00	2:07.00	2:06.00
200 米蛙泳	4:14.00	4:12.00	4:29.00	4:27.00
50 米仰泳	52.00	52.00	57.00	57.00
50 米蝶泳	51.00	51.00	56.00	56.00

段位标准

全国业余游泳锻炼段位标准(男子)35～44 岁组

	五段		六段	
	50 米池	25 米池	50 米池	25 米池
50 米自由泳	58.00	58.00	1:08.00	1:08.00
100 米自由泳	2:06.00	2:05.00	2:26.00	2:25.00
200 米自由泳	4:27.00	4:25.00	5:07.00	5:05.00
400 米自由泳	9:14.00	9:11.00	10:34.00	10:31.00
50 米蛙泳	1:06.50	1:06.50	1:16.50	1:16.50
100 米蛙泳	2:23.00	2:22.00	2:43.00	2:42.00
200 米蛙泳	5:01.00	4:59.00	5:41.00	5:39.00
50 米仰泳	1:05.00	1:05.00	1:15.00	1:15.00
50 米蝶泳	1:04.00	1:04.00	1:14.00	1:14.00

附录

全国业余游泳锻炼段位标准（男子）35～44岁组

	七段		八段	
	50米池	25米池	50米池	25米池
50米自由泳	1:23.00	1:23.00	1:43.00	1:43.00
100米自由泳	2:56.00	2:55.00	3:36.00	3:35.00
200米自由泳	6:07.00	6:05.00	7:27.00	7:25.00
400米自由泳	12:34.00	12:31.00	15:18.00	15:15.00
50米蛙泳	1:31.50	1:31.50	1:51.50	1:51.50
100米蛙泳	3:13.00	3:12.00	3:53.00	3:52.00
200米蛙泳	6:41.00	6:39.00	8:01.00	7:59.00
50米仰泳	1:30.00	1:30.00	1:50.00	1:50.00
50米蝶泳	1:29.00	1:29.00	1:49.00	1:49.00

段位标准

全国业余游泳锻炼段位标准(男子)45~54 岁组

	一段(飞鱼)		二段(鲸鱼)	
	50 米池	25 米池	50 米池	25 米池
50 米自由泳	43.00	43.00	45.00	45.00
100 米自由泳	1:36:00	1:35:00	1:40:00	1:39:00
200 米自由泳	3:27.00	3:25.00	3:35.00	3:33.00
400 米自由泳	7:14.00	7:11.00	7:30.00	7:27.00
50 米蛙泳	51.00	51.00	53.00	53.00
100 米蛙泳	1:52.00	1:51.00	1:56.00	1:55.00
200 米蛙泳	3:59.00	3:57.00	4:07.00	4:05.00
50 米仰泳	50.00	50.00	52.00	52.00
50 米蝶泳	49.00	49.00	51.00	51.00

附录

全国业余游泳锻炼段位标准(男子)45～54 岁组

	三段(海豚)		四段(海豹)	
	50 米池	25 米池	50 米池	25 米池
50 米自由泳	48.00	48.00	53.00	53.00
100 米自由泳	1:46.00	1:45.00	1:56.00	1:55.00
200 米自由泳	3:47.00	3:45.00	4:07.00	4:05.00
400 米自由泳	7:54.00	7:51.00	8:34.00	8:31.00
50 米蛙泳	56.00	56.00	1:01.00	1:01.00
100 米蛙泳	2:02.00	2:01.00	2:12.00	2:11.00
200 米蛙泳	4:19.00	4:17.00	4:39.00	4:37.00
50 米仰泳	55.00	55.00	1:00.00	1:00.00
50 米蝶泳	54.00	54.00	59.00	59.00

段位标准

全国业余游泳锻炼段位标准(男子)45～54 岁组

	五段		六段	
	50 米池	25 米池	50 米池	25 米池
50 米自由泳	1:01.00	1:01.00	1:11.00	1:11.00
100 米自由泳	2:12.00	2:11.00	2:32.00	2:31.00
200 米自由泳	4:39.00	4:37.00	5:19.00	5:17.00
400 米自由泳	9:38.00	9:35.00	10:48.00	10:45.00
50 米蛙泳	1:09.00	1:09.00	1:19.00	1:18.00
100 米蛙泳	2:28.00	2:27.00	2:48.00	2:46.00
200 米蛙泳	5:11.00	5:09.00	5:49.00	5:47.00
50 米仰泳	1:08.00	1:08.00	1:18.00	1:18.00
50 米蝶泳	1:07.00	1:07.00	1:17.00	1:17.00

全国业余游泳锻炼段位标准(男子)45～54 岁组

	七段		八段	
	50 米池	25 米池	50 米池	25 米池
50 米自由泳	1:26.00	1:26.00	1:46.00	1:46.00
100 米自由泳	3:02.00	3:01.00	3:42.00	3:41.00
200 米自由泳	6:19.00	6:17.00	7:39.00	7:37.00
400 米自由泳	12:58.00	12:55.00	15:38.00	15:32.00
50 米蛙泳	1:34.00	1:34.00	1:54.00	1:54.00
100 米蛙泳	3:18.00	3:17.00	3:58.00	3:57.00
200 米蛙泳	6:51.00	6:47.00	8:11.00	8:09.00
50 米仰泳	1:33.00	1:33.00	1:53.00	1:53.00
50 米蝶泳	1:32.00	1:32.00	1:52.00	1:52.00

段位标准

全国业余游泳锻炼段位标准(女子)13～15 岁组

	一段(飞鱼)		二段(鲸鱼)	
	50 米池	25 米池	50 米池	25 米池
50 米自由泳	47.00	47.00	57.00	57.00
100 米自由泳	1:44.00	1:43.00	2:04.00	2:03.00
200 米自由泳	3:43.00	3:41.00	4:23.00	4:21.00
400 米自由泳	7:46.00	7:43.00	9:06.00	9:03.00
50 米蛙泳	56.00	56.00	1:06.00	1:06.00
100 米蛙泳	2:02.00	2:01.00	2:22.00	2:21.00
200 米蛙泳	4:19.00	4:17.00	4:59.00	4:57.00
50 米仰泳	55.00	55.00	1:05.00	1:05.00
50 米蝶泳	56.00	56.00	1:06.00	1:06.00

全国业余游泳锻炼段位标准（女子）13～15 岁组

	三段（海豚）		四段（海豹）	
	50 米池	25 米池	50 米池	25 米池
50 米自由泳	1:17.00	1:17.00	1:47.00	1:47.00
100 米自由泳	2:44.00	2:43.00	3:44.00	3:43.00
200 米自由泳	5:43.00	5:41.00	7:43.00	7:41.00
400 米自由泳	11:46.00	11:43.00	15:46.00	15:43.00
50 米蛙泳	1:26.00	1:26.00	1:56.00	1:56.00
100 米蛙泳	3:02.00	3:01.00	4:02.00	4:01.00
200 米蛙泳	6:19.00	6:17.00	8:19.00	8:17.00
50 米仰泳	1:25.00	1:25.00	1:55.00	1:55.00
50 米蝶泳	1:26.00	1:26.00	1:56.00	1:56.00

全国业余游泳锻炼段位标准（女子）16～18 岁组

	一段（飞鱼）		二段（鲸鱼）	
	50 米池	25 米池	50 米池	25 米池
50 米自由泳	44.00	44.00	54.00	54.00
100 米自由泳	1:38.00	1:37.00	1:58.00	1:57.00
200 米自由泳	3:31.00	3:29.00	4:11.00	4:09.00
400 米自由泳	7:22.00	7:19.00	8:42.00	8:39.00
50 米蛙泳	53.00	53.00	1:03.00	1:03.00
100 米蛙泳	1:56.00	1:55.00	2:16.00	2:15.00
200 米蛙泳	4:07.00	4:05.00	4:47.00	4:45.00
50 米仰泳	52.00	52.00	1:02.00	1:02.00
50 米蝶泳	53.00	53.00	1:03.00	1:03.00

附录

全国业余游泳锻炼段位标准(女子)16～18岁组

	三段（海豚）		四段（海豹）	
	50 米池	25 米池	50 米池	25 米池
50 米自由泳	1:14.00	1:14.00	1:44.00	1:44.00
100 米自由泳	2:38.00	2:37.00	3:38.00	3:37.00
200 米自由泳	5:31.00	5:29.00	7:31.00	7:29.00
400 米自由泳	11:22.00	11:19.00	15:22.00	15:19.00
50 米蛙泳	1:23.00	1:23.00	1:53.00	1:53.00
100 米蛙泳	2:56.00	2:55.00	3:56.00	3:55.00
200 米蛙泳	6:07.00	6:05.00	8:07.00	8:05.00
50 米仰泳	1:22.00	1:22.00	1:52.00	1:52.00
50 米蝶泳	1:23.00	1:23.00	1:53.00	1:53.00

全国业余游泳锻炼段位标准(女子)19～24岁组

	一段(飞鱼)		二段(鲸鱼)	
	50米池	25米池	50米池	25米池
50米自由泳	41.00	41.00	43.00	43.00
100米自由泳	1:32.00	1:31.00	1:36.00	1:35.00
200米自由泳	3:19.00	3:17.00	3:27.00	3:25.00
400米自由泳	6:58.00	6:55.00	7:14.00	7:11.00
50米蛙泳	50.00	50.00	52.00	52.00
100米蛙泳	1:50.00	1:49.00	1:54.00	1:53.00
200米蛙泳	3:55.00	3:53.00	4:03.00	4:01.00
50米仰泳	49.00	49.00	51.00	51.00
50米蝶泳	50.00	50.00	52.00	52.00

全国业余游泳锻炼段位标准（女子）19～24岁组

	三段（海豚）		四段（海豹）	
	50米池	25米池	50米池	25米池
50米自由泳	46.00	46.00	51.00	51.00
100米自由泳	1:42.00	1:41.00	1:52.00	1:51.00
200米自由泳	3:39.00	3:37.00	3:59.00	3:57.00
400米自由泳	7:38.00	7:35.00	8:18.00	8:15.00
50米蛙泳	55.00	55.00	1:00.00	1:00.00
100米蛙泳	2:00.00	1:59.00	2:10.00	2:09.00
200米蛙泳	4:15.00	4:13.00	4:35.00	4:33.00
50米仰泳	54.00	54.00	59.00	59.00
50米蝶泳	55.00	55.00	1:00.00	1:00.00

段位标准

全国业余游泳锻炼段位标准(女子)19~24 岁组

	五段		六段	
	50 米池	25 米池	50 米池	25 米池
50 米自由泳	59.00	59.00	1:09.00	1:09.00
100 米自由泳	2:08.00	2:07.00	2:28.00	2:27.00
200 米自由泳	4:31.00	4:29.00	5:11.00	5:09.00
400 米自由泳	9:22.00	9:19.00	10:42.00	10:39.00
50 米蛙泳	1:08.00	1:08.00	1:18.00	1:18.00
100 米蛙泳	2:26.00	2:25.00	2:46.00	2:45.00
200 米蛙泳	5:07.00	5:05.00	5:47.00	5:45.00
50 米仰泳	1:07.00	1:07.00	1:17.00	1:17.00
50 米蝶泳	1:08.00	1:08.00	1:18.00	1:18.00

全国业余游泳锻炼段位标准(女子)19～24 岁组

	七段		八段	
	50 米池	25 米池	50 米池	25 米池
50 米自由泳	1:24.00	1:24.00	1 :44.00	1:44.00
100 米自由泳	2:58.00	2:57.00	3:38.00	3:37.00
200 米自由泳	6:11.00	6:09.00	7:31.00	7:29.00
400 米自由泳	12:42.00	12:39.00	15:22.00	15:19.00
50 米蛙泳	1:33.00	1:33.00	1:53.00	1:53.00
100 米蛙泳	3:16.00	3:15.00	3:56.00	3:55.00
200 米蛙泳	6:47.00	6:45.00	8:07.00	8:05.00
50 米仰泳	1:32.00	1:32.00	1:52.00	1:52.00
50 米蝶泳	1:33.00	1:33.00	1:53.00	1:53.00

全国业余游泳锻炼段位标准(女子)25~34 岁组

	一段(飞鱼)		二段(鲸鱼)	
	50 米池	25 米池	50 米池	25 米池
50 米自由泳	44.50	44.50	46.50	46.50
100 米自由泳	1:39.00	1:38.00	1:43.00	1:42.00
200 米自由泳	3:33.00	3:31.00	3:41.00	3:39.00
400 米自由泳	7:26.00	7:23.00	7:42.00	7:39.00
50 米蛙泳	54.00	54.00	56.00	56.00
100 米蛙泳	1:58.00	1:57.00	2:02.00	2:01.00
200 米蛙泳	4:11.00	4:09.00	4:19.00	4:17.00
50 米仰泳	53.00	53.00	55.00	55.00
50 米蝶泳	54.00	54.00	56.00	56.00

全国业余游泳锻炼段位标准（女子）25～34 岁组

	三段（海豚）		四段（海豹）	
	50 米池	25 米池	50 米池	25 米池
50 米自由泳	49.50	49.50	54.50	54.50
100 米自由泳	1:49.00	1:48.00	1:59.00	1:58.00
200 米自由泳	3:53.00	3:51.00	4:13.00	4:11.00
400 米自由泳	8:06.00	8:03.00	8:46.00	8:43.00
50 米蛙泳	59.00	59.00	1:04.00	1:04.00
100 米蛙泳	2:08.00	2:07.00	2:18.00	2:17.00
200 米蛙泳	4:31.00	4:29.00	4:49.00	4:51.00
50 米仰泳	58.00	58.00	1:03.00	1:03.00
50 米蝶泳	59.00	59.00	1:04.00	1:04.00

全国业余游泳锻炼段位标准（女子）25～34 岁组

	五段		六段	
	50 米池	25 米池	50 米池	25 米池
50 米自由泳	1:02.50	1:02.50	1:12.50	1:12.50
100 米自由泳	2:15.00	2:14.00	2:35.00	2:34.00
200 米自由泳	4:45.00	4:43.00	5:25.00	5:23.00
400 米自由泳	9:50.00	9:47.00	11:00.00	10:57.00
50 米蛙泳	1:12.00	1:12.00	1:22.00	1:22.00
100 米蛙泳	2:34.00	2:33.00	2:54.00	2:53.00
200 米蛙泳	5:23.00	5:21.00	6:03.00	6:01.00
50 米仰泳	1:11.00	1:11.00	1:21.00	1:21.00
50 米蝶泳	1:12.00	1:12.00	1:22.00	1:22.00

附录

全国业余游泳锻炼段位标准(女子)25～34岁组

	七段		八段	
	50米池	25米池	50米池	25米池
50米自由泳	1:27.50	1:27.50	1:47.50	1:47.50
100米自由泳	3:05.00	3:04.00	3:45.00	3:44.00
200米自由泳	6:25.00	6:23.00	7:45.00	7:43.00
400米自由泳	13:10.00	13:07.00	15:50.00	15:47.00
50米蛙泳	1:37.00	1:37.00	1:57.00	1:57.00
100米蛙泳	3:24.00	3:23.00	4:04.00	4:03.00
200米蛙泳	7:03.00	7:01.00	8:23.00	8:21.00
50米仰泳	1:41.00	1:41.00	2:01.00	2:01.00
50米蝶泳	1:37.00	1:37.00	1:57.00	1:57.00

段位标准

全国业余游泳锻炼段位标准(女子)35～44 岁组

	一段（飞鱼）		二段（鲸鱼）	
	50 米池	25 米池	50 米池	25 米池
50 米自由泳	48.00	48.00	50.00	50.00
100 米自由泳	1:46.00	1:45.00	1:50.00	1:49.00
200 米自由泳	3:47.00	3:45.00	3:55.00	3:53.00
400 米自由泳	7:54.00	7:51.00	8:10.00	8:07.00
50 米蛙泳	57.00	57.00	59.00	59.00
100 米蛙泳	2:04.00	2:03.00	2:08.00	2:07.00
200 米蛙泳	4:23.00	4:21.00	4:31.00	4:29.00
50 米仰泳	56.00	56.00	58.00	58.00
50 米蝶泳	57.00	57.00	59.00	59.00

附录

全国业余游泳锻炼段位标准(女子)35～44 岁组

	三段(海豚)		四段（海豹）	
	50 米池	25 米池	50 米池	25 米池
50 米自由泳	53.00	53.00	58.00	58.00
100 米自由泳	1:56.00	1:55.00	2:06.00	2:05.00
200 米自由泳	4:07.00	4:05.00	4:27.00	4:25.00
400 米自由泳	8:34.00	8:31.00	9:14.00	9:11.00
50 米蛙泳	1:02.00	1:02.00	1:07.00	1:07.00
100 米蛙泳	2:14.00	2:13.00	2:24.00	2:23.00
200 米蛙泳	4:43.00	4:41.00	5:03.00	5:01.00
50 米仰泳	1:01.00	1:01.00	1:06.00	1:06.00
50 米蝶泳	1:02.00	1:02.00	1:07.00	1:07.00

全国业余游泳锻炼段位标准(女子)35～44 岁组

	五段		六段	
	50 米池	25 米池	50 米池	25 米池
50 米自由泳	1:06.00	1:06.00	1:16.00	1:16.00
100 米自由泳	2:22.00	2:21.00	2:42.00	2:41.00
200 米自由泳	4:59.00	4:57.00	5:39.00	5:37.00
400 米自由泳	10:18.00	10:15.00	11:38.00	11:35.00
50 米蛙泳	1:15.00	1:15.00	1:25.00	1:25.00
100 米蛙泳	2:40.00	2:39.00	3:00.00	2:59.00
200 米蛙泳	5:35.00	5:33.00	6:15.00	6:13.00
50 米仰泳	1:14.00	1:14.00	1:24.00	1:24.00
50 米蝶泳	1:15.00	1:15.00	1:25.00	1:25.00

全国业余游泳锻炼段位标准(女子)35～44 岁组

	七段		八段	
	50 米池	25 米池	50 米池	25 米池
50 米自由泳	1:31.00	1:31.00	1:51.00	1:51.00
100 米自由泳	3:12.00	3:11.00	3:52.00	3:51.00
200 米自由泳	6:39.00	6:37.00	7:59.00	7:57.00
400 米自由泳	11:35.00	13:38.00	13:35.00	16:18.00
50 米蛙泳	1:40.00	1:40.00	2:00.00	2:00.00
100 米蛙泳	3:50.00	3:49.00	4:10.00	4:09.00
200 米蛙泳	7:55.00	7:53.00	8:40.00	8:38.00
50 米仰泳	1:39.00	1:39.00	1:59.00	1:59.00
50 米蝶泳	1:40.00	1:40.00	2:00.00	2:00.00

段位标准

全国业余游泳锻炼段位标准(女子)45～54 岁组

	一段(飞鱼)		二段(鲸鱼)	
	50 米池	25 米池	50 米池	25 米池
50 米自由泳	52.00	52.00	54.00	54.00
100 米自由泳	1:54.00	1:53.00	1:58.00	1:57.00
200 米自由泳	4:03.00	4:01.00	4:11.00	4:09.00
400 米自由泳	8:26.00	8:23.00	8:42.00	8:39.00
50 米蛙泳	1:00.00	1:00.00	1:02.00	1:02.00
100 米蛙泳	2:10.00	2:09.00	2:14.00	2:13.00
200 米蛙泳	4:35.00	4:33.00	4:43.00	4:41.00
50 米仰泳	59.00	59.00	1:01.00	1:01.00
50 米蝶泳	1:00.00	1:00.00	1:02.00	1:02.00

附录

全国业余游泳锻炼段位标准(女子)45～54 岁组

	三段（海豚）		四段（海豹）	
	50 米池	25 米池	50 米池	25 米池
50 米自由泳	57.00	57.00	1:02.00	1:02.00
100 米自由泳	2:04.00	2:03.00	2:14.00	2:13.00
200 米自由泳	4:23.00	4:21.00	4:43.00	4:41.00
400 米自由泳	9:06.00	9:03.00	9:46.00	9:43.00
50 米蛙泳	1:05.00	1:05.00	1:10.00	1:10.00
100 米蛙泳	2:20.00	2:19.00	2:30.00	2:29.00
200 米蛙泳	4:55.00	4:53.00	5:15.00	5:13.00
50 米仰泳	1:04.00	1:04.00	1:09.00	1:09.00
50 米蝶泳	1:05.00	1:05.00	1:10.00	1:10.0

全国业余游泳锻炼段位标准(女子)45～54 岁组

	五段		六段	
	50 米池	25 米池	50 米池	25 米池
50 米自由泳	1:10.00	1:10.00	1:20.00	1:20.00
100 米自由泳	2:30.00	2:29.00	2:50.00	2:49.00
200 米自由泳	5:15.00	5:13.00	5:55.00	5:53.00
400 米自由泳	10:50.00	10:47.00	12:10.00	12:07
50 米蛙泳	1:18.00	1:18.00	1:28.00	1:28.00
100 米蛙泳	2:46.00	2:45.00	3:06.00	3:05.00
200 米蛙泳	5:47.00	5:45.00	6:27.00	6:25.00
50 米仰泳	1:17.00	1:17.00	1:27.00	1:27.00
50 米蝶泳	1:18.00	1:18.00	1:28.00	1:28.00

全国业余游泳锻炼段位标准（女子）45～54 岁组

	七段		八段	
	50 米池	25 米池	50 米池	25 米池
50 米自由泳	1:35.00	1:35.00	1:55.00	1:55.00
100 米自由泳	3:20.00	3:19.00	4:00.00	3:59.00
200 米自由泳	6:55.00	6:53.00	8:15.00	8:13.00
400 米自由泳	14:10.00	14:07.00	16:50.00	16:47.00
50 米蛙泳	1:43.00	1:43.00	2:03.00	2:03.00
100 米蛙泳	3:36.00	3:35.00	4:16.00	4:15.00
200 米蛙泳	7:27.00	7:25.00	8:47.00	8:45.00
50 米仰泳	1:42.00	1:42.00	2:02.00	2:02.00
50 米蝶泳	1:43.00	1:43.00	2:03.00	2:03.00

段位标准